JN409001

시상문학

시상문학 제20집

펴낸날 _ 2012년 12월 5일

지은이 _ 대전여성시문학회 시상

펴낸곳 _ 기획출판 오름

등록번호 _ 동구 제 364-1999-000006호

등록일자 _ 1999년 2월 25일

주소 _ 대전광역시 동구 삼성1동 122-2

전화 _ 042.637.1486

팩스 _ 042.637.1288

E-mail _ orumplus@hanmail.net

ISBN _ 978-89-90151-86-5

값 8,000원

시상문학

| 제20집 |

대전여성시문학회

시상

'시상문학'이 올해로 스무번째 동인지를 내놓게 되었다. 어머니의 살을 찢고 나와 첫울음으로 세상에 신고식을 한 뒤 한 해 한 해 잘 자라 스무살이면 그야말로 청춘이다. 쇠도 씹어 먹는다는 나이 스무살. 이 말은 안팎으로 성인이 됐다는 말도 된다.

누가 보든지 말든지...

누가 읽든지 말든지...

우리끼리 해 온 세월이 삼십년이다. '시상문학'이라는 동인지로야 20집이지만 사실 '시상문학'의 모태가 '동시대'이고 보니 통틀어 합하면 그렇다는 이야기다. 그러니까 1983년 '동시대'를 창립한다고 안초근 선생님 댁을 왕래하던 때가 엊그제 같다.

그렇게 '동시대'가 대전의 문학 마당에 출사표를 던지고 10년이 되던 해 그러니까 20집 특집을 밝은 와인색 표지로 장식하고는 몇몇이 탈퇴를 하게 되면서 끝을 맺게 되었다. 그렇게 여러 명이 한꺼번에 '동시대'와의 연을 끊고 이듬 해 1993년 다시 뜻을 모아 만든 것이 오늘날의 '시상문학'이며 또 십년이 훌쩍 흘러 바야흐로 2012년 겨울 즉 현재에 이르게 된 것이다. 생각해 보면 참으로 가슴 먹먹해 지는 긴 이야기임에도 불구하고 이렇게 간략히 맺고 보니 가슴 아프다.

사회가 각박해지고 또한 개인주의로 치닫게 되면서 만나고 헤어지고 하는 일이 어려운 일도 아닌 것이 돼버린 요즘이다. 그러나 생각해 보면 모양도 색깔도 제각각 다르지만 즐거움을 나누고 기쁨과 슬픔을 나누고 우정을 만들어 나가는 일처럼 쉬운 일이 또 있으랴.

뿐만이 아니다. 언제부턴지 우리는 모이면 서로의 미래를 아니 노후를 걱정하게까지 되었고 마침내 함께 살기로 약속을 했다. 있는 땅에 있는 힘으로 있는 정성껏 집 한 채 짓는 일이 뭐그리 어렵겠냐는 것이었다. 그러므로 우리는 노후의 걱정도 없다. 이대로 사랑하는 일만 남은 것이다. 그리고 좋은 글을 쓰고자 하는 열망...

'시상문학'의 울타리는 밖이 훤히 내다보일 만큼 야트막하다. 하지만 한사람 한사람의 이름과 소망과 우정의 돌담으로 쌓아올려졌으므로 이제 파랗게 이끼를 피우며 단단해 질 일만 남았다. 아울러 많은 후배들이 와서 함께 하길 바랄 뿐이다.

회장 **송영숙**

| 머리말 |　송영숙

시상문학 창간 20주년 특집 | 다시 읽는 나의시

시상문학 제20집 | 신작시

시상문학 창간 20주년 특집 | 다시 읽는 나의 시

시상문학 창간 20주년을 맞아
지난 20년 동안 시상문학에 발표된 작품들 중
가장 기억에 남는 몇 편을 골라 다시 실어본다.
지나간 20년을 추억하며 새로운 20년을 꿈 꾼다.

진주가 되고 싶은 날 외 4

윤월로

일상을 내려놓고 돌아서서
오늘은 당신께
진주로 빛나고 싶은 날

천 날, 만 날을
뜻과 정성과 힘을 다하여
피와 눈물을 쏟아 붓고
살과 뼈를 썩혀

구름색 혹은 안개빛깔
아니 둥근 한 알, 이 목숨 그대로
당신 앞에서 오롯이
정결한 눈물로 빛나고 싶은 날.

시모님(7)
- 머위쌈

그리도 나물을 좋아하신 시어머님 곁에서
철 따라 나물 걱정을 하던 날들 속에
봄이면 쉬이 상에 올릴 수 있어
반갑던 머위쌈

시집 와서 두 아이의 에미가 된
늦은 봄까지도
왜 쓴맛을 단맛삼아 드시는지
몰랐었지

어머님 가신 지 두 봄이 지나고서야
쓴맛이 단맛보다
더 좋은 맛인 것을 깨닫는
어둑한 나의 미감(味感)

살으실 제 마주앉아 먹었더면
더 좋았을 것을...
아니다, 어디 그 뿐이랴

무엇 하나 흡족하게
이해해 드린 것이 있었던가

연잎마냥 곱던 초록이
숨도 못 쉬게 아무렇게나 구겨져
풀죽은 청록잎을
죄스런 마음으로 살며시 펼쳐
이제는 나도 어머님처럼
머위쌈을 싼다.

꽃은(10)

- 위로자

나도,
며칠을 못 살고
떠나야 하는 목숨이지만
슬프지 않아요
아니, 슬퍼할 시간이 없어요
열심히 산다는 건
나를 나 되게 하는 일이며,
햇살과 물과 바람에 대한 의무이고,
뿌리와 줄기, 잎에 대한 도리 아니예요?
당신도 오늘 고생하셨어요
참 많이 애쓰셨습니다
기운을 내세요
돌아와 하루의 끝에서
바라보는 꽃은

누구에게나 위로자
꽃은 성령(聖靈)

소금사랑

세상에서 가장 너른 바다 속에서
잔뼈가 굵어
성품도 좋지
누구도 가리지 않고
잘 어울리는구나
세상에서 가장 부드러운
물의 품안에서 자랐음에도
돌처럼 단단한 기상
나무랄 것 없이
장하구나
세상에서 가장 밝은 빛과 볕 속에서
목이 마르도록 몸을 태웠는데도
눈부시게 흰 살결
마음까지도 그렇게
맑고 투명하겠구나
그럼에도 불구하고
행여 제 모습 드러날까
숨고 또 숨고
녹고 또 녹아져내려

목숨 걸고 썩어질 것들을 지키든가
오직 맛을 위하여
전 생애를 포기하는
눈물겨운 의지

- 소금
너는 사랑의 진면목이다

밤(夜)은

모든 것이 변한다
역사의 여울을 따라 없어지고 생겨나고
도시도, 사람도, 문화도, 문명도
세상의 것은 다 변한다
세월에 떠밀려,
온 세상이 빨리도 변해가는데
오래 오래 변하지 않는 한 가지
해 지면 밤이 오는 것
어둠은 지혜와 함께 다가와
우리를 껴안으며 부드럽게 말한다
괜찮다 다 괜찮아진다
오늘의 슬픔은 오늘로 족하다고 했다
설움도 아픔도 이제 그만
눈물을 닦고 바라보아라
하루치의 평화가 저 멀리 하늘에
빛나는 별들을 데리고 찾아와
절망의 가슴에 따스한 등불을 켠다
꼭 쥔 주먹도 구겨진 마음도 다 펴놓고

편히 쉬어라
모든 것은 다 지나간다

하루의 끝이 어둠인 것은 아마도 수많은
상처들을 싸매고 위로하기 위함일 것이다
밤은 눈을 감고 무수한 이슬로
밤을 새워 울고 있는 것을 보면.

고수동굴에서 외 6

- 사랑바위

이현옥

사방은 어둡고
칙칙한 백열전구 아래 숨을 곳이 없다

안타까운 눈 길 하나
억겁을 기다려도 만날 수 없어
똑 똑 떨어지는 물방울로 마른 목을 축인다

내 이승에서
너와 몸을 섞을 수 있을까
한 뼘의 거리가 그토록 먼데

뿌연 동굴에
맨몸 드러낸 안타까운 사랑이
애절히 솟아나고 있었다

낙산사

어디쯤일까

붉은 해 떠오르는 곳

끝없는 동해

가늠할 수 없어

바다 끝에서

눈 돌리지 못하는

부처.

술래

술래였다

그림자 조차도 헛짚어 찾지 못하는

헤매다 헤매다 그냥 돌아온

버릴수 없는

별 한 줌.

흰 머리카락과 눈싸움을 하다

엘리베이터 거울 앞에서
낯선 시간을 만났다

인사도 건네지 않고
빤히 나를 바라보던 그 소년처럼
쓸쓸한 눈빛을 한

괘씸한 생각이 들어
날 선 촉 하나 세웠다

엘리베이터가 13층을 올라가는 동안
거울 속 낯선 얼굴과 눈싸움을 계속했다

그리곤
번호 키를 톡톡 급하게 눌러
족집게를 찾는다

네가 이기든가

내가 너를 뿌리째 뽑든가
한번 해 보자고.

봉숭아 꽃물을 들이며

네 가슴속 명중시키고 싶어
뇌쇄적인 눈빛 불타는 황홀로

바람 한 줌 없던 여름 끝자락
초경처럼 붉던

손톱 끝
치명적 아름다움 남긴

마흔아홉 여자의 머릿속에 저장된
꽃물 속 일렁이는 스무 살 사랑.

바람에게 길을 묻다

가끔
여기가 어딘가
도무지 생각나지 않을 때
어디로 가야 할지 몰라 허둥댈 때

손바닥에 침을 뱉어
침 튀기는 방향으로 가볼까 하다가
내 인생 그렇게 던지기 싫어
바람을 잡고
길을 묻고 싶어질 때가 있다

바람 가는 대로 따라가면 길이라고
그냥 걸어가면 길이라고
앞서가는 바람끝을 잡고
밀려가듯 살아온 내게

바다 끝에 가고 싶을 때
땅 끝에 가고 싶을 때
꽃 보러 가고 싶을 때

가도 되느냐고
떠나도 되느냐고
바람에게 묻고 싶다

몸은 늘 그 자리에 두고 헤매는 나를
가끔은 가엾이 여겨
바람이 데려다 준 그 길에 서고 싶다

그래서 묻는다
바람에게.

이유없다, 저 별아

너에게 닿을 수 있는 거리가 얼마인지 모르지만
마음은 정말 네 곁에 있다
무섭게 높게 울타리 쳐놓은 담장도
낮게 엎드리면 들어갈 수 있는데
네 마음에 다가갈 수 없다면
이유 없다. 저 별아
네가 대신해서 그의 머리 위에서 빛날 수밖에
내 눈동자 속에 비춰진 눈부처에게
다가서서 오래도록 서 있거라
내 눈 속을 바라보다 그가 그였음을 알 때까지.

흑조(黑鳥) 외 6

강옥희

흔들리는 눈동자 속에 감춰 둔
절개 잃은 더듬이
서둘러 돌아가는
뒷모습조차 가슴 에이던 밤
보호색이 될 수 없음이
스미고 스미어
하얀 숨소리 뱉아내며 스스로 위안했다
슬픈 배역을 맡았을 뿐이다

투명한 생각은 바수어 버리고
몸을 적시는 정갈한 기억조차 베어내며
원시적인 생각이 편하고 좋아서
묵묵히 너의 삶을 닮아가리라
아픈 나를 스스로 껴안는 일,
어수선한 기억들을 말리는 일,
마약같은 너를 외면하는 일은
부푸는 꿈조각을 철저히 떼어내는 일이다

사흘 밤낮을 울고 나면 그뿐,
절망의 분자로 남지 않을 것을,
묵묵히 너를 버릴 수 있을 것을,
사랑했으므로

겨울 소나타

날개를 벗어버린 이유를 놓고
즐겨 웃었을 그들에게
흠집을 내고파 안달하는 세상을 향해
질문을 떠나 있자 마음 먹은 하루
견딜 수 있을 만큼 내공을 키우고
기품이란 기품은 쓰레기 더미에 버렸다

그 날을 가슴에 품어보는 하루,
그 날을 가슴에서 쏟아보는 하루,
글썽이던 내 눈물이 자라나 빙화氷花가 되고
맨살에 부딪치는 고독의 소음에
깊어가는 겨울 발자국

시름의 깊이 만큼 훑어내리는 속앓이
밉도록 남겨진 그리움이 찍어내는 발자국 소리
그 사람 그리워 열리는 마음 두려워
가슴에 담겨있는 그를 꺼낸다

가슴으로 불러보는 이름
그와 나의 상처가 부딪치는 소리
제 음을 못내는 악기가 되어 나를 은폐해도
그에게 그리운 내가 되기를

이별2

복도를 걸어나가
습관처럼 물병을 소독하고
창밖으로 보이는
높아진 하늘을 본다

삶이 바닥날 즈음
솎아낼 수 없는 이파리를 보듬는 일은
비단이 찢기는 아픔이다
위로하며 서글픈 웃음 흘려도
설움이 닫혀지는 건 아니다
누가 그에게 이 화살을 쏘았는가
누가 그로 인해 이 화살을 맞았는가

병실을 다녀가는 과잉의 물결을 본다
넝쿨져 얽키고 설킬 미래를 본다
겨누었던 화살이 관통되고
내밀한 속내를 덮어버린
신파극의 주인공

겹쳐진 얼굴이 아른거리고
벗어놓은 마음이 수런거린다
시간을 열면
병실의 링거줄 보다
사악한 말 한마디가
가슴을 울게 한 조곡이었다

9월

기억이 어둠에 익숙한 새벽
어지러운 생각의 꼬리는
의식속에 묶어두고 별들을 샌다
생각이 머무는 어디쯤
쓰린 기억 하나가 매달려 있다

보석을 뿌려놓은 하늘
별자리 마다 그리운 마음 새겨놓고
바람이 허공을 가르는 날엔
가슴에 넣어둘 일기를 쓴다

마음을 도둑맞은 9월
그리움의 바탕색은 갈색이었을까
넘치도록 아름다운 계절에 밀려
사랑도 희망도 커져가고
바라보는 눈빛 하나로도 좋은 계절엔
목마른 그리움을 풀어놓자

푸른 소나기

어쩌나
갑자기 저문 하늘이 울고 있다
오기로 버티던 차오르는 오열이
버림받은 호수를 적시고 있다

허기를 감춘 눈동자 속에
저녁을 불러들이고
꽃등심이 아니어도 행복한 식탁 앞에서
아픈 붕대를 푸는 날이 올거야

기진해지는 체력도
부재를 못견뎌 뒤죽박죽이던 삶도
거리에 버려진 생각조차도
절망이 끝 날 시점까지만 보류하자

쟁여놓은 욕심들을 한꺼번에 쏟아붓는다
그늘로 숨었던 평화가 가득 담겨
생경한 이름이 내 안에 가득 차오르고

불투명한 미래에 거는 기대조차
적시고 있지 않은가

가지마다 젊음을 매단 푸른 잎새로
푸르고 싶게 푸른 나무가 되어
나도 누군가에게 좋은 사람으로 남았으면

뎃생, 그리고 독백

흐린 하늘에
그늘진 마음을 담아 낼 단서는 없어
어제까지 품었던 한숨이
완벽한 거짓이 되어 날아가겠지
기다리는 시간이 너무 힘겨워
기억의 세포들이 어제의 추억을 접었어

근사한 표정이
무의식의 반경으로 걸어 들어온 순간,
이미 예감했었어
일인칭 화자로
그려지기 시작한 그리움이란 걸
언제나 나의 시작은 서툴렀어

넘어야 할 산과
건너야 할 바다가 얼마나 깊을지
두려움 없이 다가선 그 순간에도
존재의 각인은 싫었어

무게로 따져 아픈 눈물이라면
서두르지 말자
집착하지 않아도 목이 아파
돌아설 때 가슴에 만져지던 체온이
냉랭한 한기였었지
그래도 씩씩하게 이 겨울을 살아낼거야

그 날

가슴에 들어있는 현(絃)이
통제구역을 벗어났다
상처에 뿌려놓은 알콜에
싸한 통증이 멈추고
선과 악이 상식을 넘어선 새벽
멋지게 포장한 독이 든 얼굴에
쉽게 속는 세상
그런 눈을 가진 그가 궁금한 날 있었다
시장기를 느끼던 어느 저녁에
목소리 바꾸며 두 얼굴을 했었지
아직도 그 시간은 미제로 남아
가끔씩 영혼을 괴롭힌다
이성을 보면 반짝이던
눈동자 속에 감추어진 미소
그건, 어둠 속에서도 느껴지는
삐에로의 얼굴
중언부언 어눌함이 조각나는 밤
뽀얀 속살보다 하얗게 느꼈던 표정 위로

쏟아져 내리는 별
그래
밤이 었었어
개념 없는

벙어리매미 외6

송영숙

전생에 나는 백제금동대향로의 다섯 악사 중 배소를 불던 주악상이었다

어쩌다 속 깊던 한 사내를 몰래 가슴에 두었다가 그를 위해 연주한 것이 발각되어 쫓기듯 나와 지금 여기 허름한 나무의자에 기대있는 것이다

그러다 단 한 번도 나팔을 불어 본 적 없는 나팔꽃
하늘 한 번 올려다 본 적 없는 엔젤트럼펫처럼
꿈인 듯 생시인 듯
슬퍼도 소리 내어 울 수 없게 된 벙어리매미

사랑에 눈멀었던 악사들이 인연의 줄을 끊고
소리를 허락받는 날이면
사람들은 지상에서 가장 슬픈 교향악을 듣게 될 것이다

당신은 모른다. 내가 밤낮 잘도 웃지만 돌아서서 한 번씩 크게 울기도 한다는 것을, 울면서 새끼손가락으로 양쪽 귀를 피가 나게 파 보기도 한다는 것을

나무십자가

바닥을 보고야 말았다

제로라는 싸인은 다시 시작하라는 건가 그만 끝내고 뛰어내리라는 건가

돌아가기엔 너무 멀다 하얗게 지치고 말았는데 빈 지갑에서 피어오르는 선물 같은 가벼움은 왜 이리 눈물겨운가 게임은 언제나 제로로 끝났다 내 편은 아무도 없다 아, 이 익숙한 쓸쓸함이여

차오르기 위해서는 반드시 바닥을 찍어야 한다, 는 위대한 게임의 법칙 내 손으로 무덤이나 파고 누우면 편해질까 그러기엔 너무 이른 걸까 원하신다면 땅 끝까지 가서 키를 반으로 접어 바닥을 찍고 올 것이다 오늘밤엔 기어서라도 궐 밖 문루에 올라 하늘에 대고 신문고를 울리리라

아들아 나 죽거든 갠지스 강으로 데려가 다오

그 강가에서 빨갛게 타오르는 장작더미에 나를 던져 한 점 티끌도 남지 않게 불태워 다오

그리하여 이 땅에서 가장 먼 곳에 가 닿아 다시 너의 가난한 어머니가 되는 일이 없게 해 다오. 미안하다.

끝에서 끝으로

나는 저 머나먼 중국 땅 나시족의 후예 앞으로는 배주머니 뒤로는 등바구니 누군가 내게 너무 많은 짐을 지웠다 지우고 달아나 버렸다 안개 낀 빈 들판에서 어느 날은 서서 자는 말 서서 우는 나무 휩쓸려 서성대다가 돌아 갈 수도 없을 만큼 와 버린 것 뿐

한 고비만 넘으면 나 돌아갈 것이다 돌아가서 지평선 어디쯤에 옛날식 판자집 짓고 옥수수랑 보리랑 끝도 없이 심으리라 일처에 다부 다복히 두고 혈육들 끌어 모아 한 이불 속에서 발가락 집게로 너니 내니 객소리 능치며 살아갈 것이다

돌아갈 땐 남장을 하고 가리라 실한 말 한 필 골라 타고 보란 듯 옥룡설산 그 흰 눈 덮인 끝에서 끝까지 단숨에 달려 제일 높은 산봉우리 큰 바위 밑에 이름표를 묻으리 그 때 모든 안개 걷히고 두꺼운 갑옷 두른 한 사나이 우뚝 서 있으리 나약하고 비겁한 여인의 치맛자락 바람에 꽃잎처럼 날릴 때

기타리스트

왜 있지, 가시관을 쓴 예수가 킬리만자로의 표범을 연주하고 있었어 썩은 고기까지 해치우는 하이에나가 아니라 표범이고 싶다며 여섯 개의 쇠줄에서 다섯 손가락으로 줄을 타는 긴 머리칼과 긴 허리 대체 저 속에서 누가 살다 간 걸까

저 도둑놈의 지팡이꽃* 같은 남자 우리 서로 거기가 세상 끝이라고 여겨지는 날 만나면 함께 못 죽을 것도 없겠다

바닷가 모래밭에 새기듯 써 내려 갔어 한 물결마다 한 소절씩 쓸려가고 쓸려오고 창밖엔 열아홉 주름치마를 올려 입은 처녀들이 배꼽을 쥐며 웃고 있었어

나는 지도책을 펴 놓고 오래도록
그에게로 가는 길을 묻는다
킬리만자로로 가는 길을 내처 묻는다

* 콩과 목본으로 고삼 또는 너삼이라는 한약명으로 약재로도 쓰임

소리바다

물도 바람도 밤이 되면 소리를 한다
그들만의 소리로 빚어내는 거대한 광시곡
눈을 감으니 비로소 귀가 열리고, 그 안에
내가 있었다는 것 이제야 알겠다
어머니는 자궁 속에다 물을 만드셨다
하여 바다에선 아름답고도 역겨운 피비린내 났던 거고
암 바다와 숫 바다 만나면 불끈 힘줄 솟구쳤던 거고
바람은 수억만 년 전부터 불어왔던 거고
서러운 날 허공에 대고 부를 이름 없을 때
살며시 다가와 가슴 쓸어내려 준 손
바람의 손이었다, 그 근력 믿고 쑥쑥 컸던 거다, 겁 없이
달려왔던 거다, 거기가 여기
이제 어떤 것도 다시 시작할 수 있을 듯
작은 것들이 살아서 우는 밤은 슬프다
어릴 적 어머니께서 우시면 마냥 슬퍼져
따라 울었다
그날, 따라 울어 주던 풀비 떨어진 문풍지
눈물 반 웃음 반으로 들려온다

아리랑 같은 소리 바다
밀물져 다가와 탁탁 등 떠밀어 준다
우주를 닮은 한 장의 CD 안에서 넘쳐흐른다

마술

나도 누군가의 고향이었다 나무 등걸에 기대 나눈 참말 같던 거짓말들 한꺼번에 농담처럼 옛말 되고서야 무거움으로부터 벗어나 다시 분주하다

나도 누군가의 길이었다 밟고 지나가지 않으면 길이 될 수 없는 길 그가 지나가고 나서야 길이 되었다가 웃음이 되었다가 다시 있는 듯 없는 듯 숲이 되었다가

나도 누군가의 바다였다 이해할 수도 용서될 수도 없는 이야기 마구 풀어 놓고 달아나면 내 귀 당나귀 귀 보다 길어졌지 속가슴 까맣게 탔지 그러다 이따금씩 눈 부릅뜨고 처얼-썩

오늘은 다 덮고 당신께 날 세운 은장도 살며시 쥐어주고 몰래 웃는 매직 쇼 걸

능소화

나를 사랑하지 마세요
나를 만진 손으로 눈을 만지면 눈이 먼다 해요
나를 만진 손으로 귀를 만지면 귀가 먼다 해요
눈 멀고 귀 먹게 하는 나는 악의 꽃
천수보살 천개의 손으로
가슴 쓸어 줄 때까지
누군가의 목을 휘감으며 타오를 천의 얼굴
구중궁궐의 슬픈 꽃으로 피었다가
지기 전에 잡았던 손 놓고 뛰어내리는
봄 나비
황혼의 주황빛 능소화

그대의 천치 애인 외 7

박미용

누이야
창이 넓어서 따사로운 햇빛이
한 장 다 들어오고

창문을 열면
바람이 나뭇잎과 속삭거리는 소리
숨결까지 모두 들려오는
마당이 있는 집으로
우리 이사를 하자

거기서 너는
여태껏 지녀왔던 것
그 허망한 것들
하나씩 둘씩 순하게 버리고

거기서 나는
차마 버리지 못한
가장 나중 남은 정갈한 희망 한 가닥으로

촘촘히 짜보리라
네게 꼭 알맞은 분홍 스웨터

화사한 봄은 다시 올 테지
그러나
너의 봄도 정녕 올 것인가

젊어서 서러운 누이야
용서해 다오

'다음'을 마련하지 못한
그대의 천치 애인.

사랑 이후

한 해만에 날아온 하아얀 편지봉투
네 손인 양 잡아서 뺨에 대보면
봉투까지 물들이는 복사꽃 부끄럼
삼삼하게 아롱대는 그리움일래

그날처럼 내리는 풋풋한 봄비
가슴 촉촉이 적시어 와서
창문을 반쯤 열고 마당을 보니
꽃밭의 옥잠화는 새순이 뾰족

맑은 물 강줄기 피라미떼랑
나루터 늙은 사공 여전하겠지
한 해 만에 날아온 하아얀 편지봉투
새초롬 피어나는 목련꽃일래.

진달래꽃

참다 죽으면
끝

살아 한 번 더
눈 맞추고 싶어

평생
사랑을 연모한 나머지

온 산을 태우고도
마그마로 넘친

파란만장한
피의 조류

꽃이 아니면
아무 것도 아닐래요.

아무도 모르게

그냥 좋아하는 하얀 마음에
아무 색칠도 하지 말아줘

아무 일도 아니야
잠시 스쳐가는 중일뿐

모르게
아무도 모르게

먼 훗날
우리는 그리워하게 될 거야

커피를 마시다가
샛강 하나 보게 되면

물 적신 별로 뜨겠지
오래도록 못 잊을 사랑.

어느 별에서 왔기에

보고 싶어요
그럼 봐야지

노래 불러 줘요 노래 듣고 싶어
너를 위해서라면 뭐라도 할 수 있어

내 늑골 하나가 그대인가
그대 늑골 하나가 나인가
맞추지 않아도 같은 음을 내니

그대
나같이 슬픈 세포구나

못난 것들이
못나게 부르는 가을 노래

우리가 어느 별에서 왔기에
이토록 애타게 그리워하는가.

가을 편지

이렇게 햇살이 맑은 날은
은행잎 떨어지는 교정에 앉아

온종일 기다리고 싶은
아름다운 사람이 있습니다

짝사랑도 그저 기쁨인
고마운 사람이 있습니다

목숨이 행복한
행복한 삶을 꿈꾸게 하는

그저 생각만으로도 가슴 벅찬
우연히 마주치고 싶은 사람

그런 사람
하나 있습니다

당신에게도
내가 그런 사람이면
얼마나 좋을까 하는.

남은 가을 사랑하기

살아 숨 쉬는 오늘
햇빛은 투명하게 웃고 있었지만
쌀쌀한 눈꼬리에는
빛나는 비수가 보여

이때쯤 어른들은 삭신이 아프다고
무릎에 바람이 들어온다고

오오, 나도 훌륭한 어른이 된 셈
기침을 할 때마다 가슴이 쓰리고
용수철이 튀어나온 목 부러진 인형처럼
머리가 통째로 덜렁 덜렁

통증 때문에 눈을 뜰 수 없지만
하하, 행복하여라
이것이 살아있다는 격렬한 증거

죽었으면 꿈도 못 꿀 횡재
쓸쓸해서 미치도록 아름다운 시간

남은 가을 사랑하기
사랑하기 남은 가을.

남은 시간의 사랑법

죽을 만큼 몸이 아파도
참아내고 살고 싶게 만드는 한 사람이 있다면
괜찮다

생후 단 한 번도 그런 사람 없어
고독이 병균처럼 번식한 가슴속에
슬픔과 회한만이 가득하다면

얼마 남지 않은 시간의 사랑법은
기다리지 말고
먼저 그가 되는 것

동굴 같은 고독을 털어내고
그가 얼굴을 파묻고 쉴 수 있는
따뜻한 가슴이 되는 것

내가 먼저 그의 눈 속 슬픔을
애타도록 사랑하는 것이다.

쯔쯔가무시 병 외6

전현숙

저 보이지 않는 들 것에도 놀라
온몸이 펄펄 끓다니
삶이 얼마나 보잘것 없는 것이냐

제 것이라 여기던 세포들을 분열시키며
올올 힘줄을 튕겨 조여오는 통증

누가
내 삶을 세척하려
철수세미 박박 문질러 닦고 있다

피 흘림 없이 끓는 애증
녹슨 집착 옹지게 박혀
진땀 흥건하다

내 발가벗겨진 오만이 신열로 뜨고
허물어지는 망상이 불면에 아파도
탓할 수 없으니
이제 침묵할 때인가 보다

님

새는
앉았던 자리에
흔적을 남기지 않는다

꽃은
핀 자리 가리지 않고
향기를 품는다

감추지 못한 말 가슴에 쌓고
보여도 보이지 않아도
갈망으로 앓는 통증

삶은
자유도 아름다움도 아닌
지병이 된 가슴앓이를 견디는
애잔한 노역이다

동면

마침내 눈이 내리면
모든 상처를 덮겠지
아름다웠던 대지와
푸르른 나무, 흐르는 개울물까지
하얀 속삭임으로
돌의 언약을 얼리고
순수의 열정으로
한 몸 되어 눕겠지

황홀했던 시간에 피운 여름 꽃
식어가는 가슴 타는 가을 단풍
깊게 비밀스런 움을 틔워
고개 들던 봄꽃
마침내 눈이 내리면
모든 기억 덮으며
차가운 침묵으로
조용히 식어가겠지

허공 속에서
꽃을 기다리고
계절을 기다리고
마음을 기다리고
휴식과 고독을 기다리고
끝내 사람을 기다리는
마침내 눈이 내리면
어둠 깊숙한 그리움 품고
긴 잠에 들겠지

마애삼존불을 본 날

바람이 불었다
뻐꾸기 소리 숲을 깨우는 오월
어릴 적 친구와
말 없이도 좋았다

계곡에 숨었던 빛살에
터질 듯한 웃음 풀던 마애삼존불
맨가슴으로 맞이하는
은자의 넉넉한 아량

천 년 세월에 겹쳐지는
발자욱
설레임 벗어놓고 마주하여
너털웃음 웃는다

홀로아리랑

화석 속에서
빛이 탄생된다
영원에 눌려
새를 키우지 못하고
박제된 꿈을
가슴에 박는 돌
스스로 소멸을 선택하여
어둠에 묻힌 별
의미 상실의 건조한 시간에
돌 하나 쪼개기 위해
새를 날리기 위해
가슴 헐고 피를 삭이는
사랑이다

서리꽃

그 차가움으로
타는 가슴 식힐 수 없어
누웠다
왔던 길 돌아가면
동면의 하얀 그리움 풀릴까

모두 다 주고
더는 어쩌지 못할 때
가만히 내려앉는 냉기
살갗 짓무르고 선혈 흐르게 하는
아찔한 화상
날 선 열정으로
박제된 가슴을 태울 수 없다면
같이 죽자
서리꽃

이 겨울이 나를 지나간다

익숙한 것들이 낯설어지고
그립고 보고픈 것들이 시간의 비늘에 덮히고
웃음과 눈물이 조화를 이루어 꿈 꿀 것이 없게 되면
삶의 편린들이 퍼즐을 한다

환한 미소와 보랏빛 슬픔의 계곡을 건넌
싸늘한 체온을 더듬으며

오지 않을 것 같던 연민과 두려움으로
쓸쓸함에 더께를 입히고
기억의 변방에서 맴돌던 흔적들이
나를 순환시키는 피톨이었음을 알게 되는 순간
얇고 투명해진 의식을 가르고
겨울이 지나간다

속았다 외 6

이순옥

남자가 다가왔다 멀어질 때마다 서가엔 책들이 늘어났다. 시를 좋아한다 생각했는지 시집을 참 많이도 사 날랐다, 그 사내들

남해 금산이 세 권인 걸 보니 셋이서 같은 책을 주고 갔나 보다. 한 사람은 초판본을, 또 두 사람은 재판본을

한 권을 빼든다. 아무 곳이나 펼쳐 눈길 주다가 덮어버린다

그들은 속았다. 나는 이성복을 읽고 싶지 않다. 유행가 가락 같은 그 사내의 진부한 그 시집을

야바위꾼의 가판 앞을 서성이는 봄바람
너는 나에게 속아서 사랑했고
나도 너를 사랑해서 속았다

나의 이중생활

아무도 나의 이중생활을 눈치 채는 사람은 없다
조금 아는 사람은 가톨릭신자로
속까지 안다는 사람은 불교신자라 한다

그러나 어쩌랴
예수님도 부처님도 놓치기는 아까우니
요샛말로, 골라서 발라먹는 재미가 솔찮타
마음을 열어 보이기로는 예수님보다 부처님이고
몸을 열어 보기로는 부처님보다 예수님이니

요즘 슬슬
다른 남자가 궁금타

첫사랑, 희미한 옛사랑의 그림자

오래 전 책갈피 속에서
첫사랑 당신의 명함을 발견했어요
(그 때는 이런 거 아니어도 모두 안다고 생각했죠)

학교에서 돌아오는 어린 아들처럼
언제나 나에게 나폴나폴 뛰어오던 당신은
(이제 어디에도 보이지 않고)

명함을 두 손에 쥐고도 나는
당신을 하나도 모르겠어요
(남은 날은 희미한 옛사랑의 그림자일 뿐)

이별 이후

오늘이 홀로 깨어 뒤채는 밤
네가 놓고 간, 백지로 된 책을 읽는다

조용한 의자에 웅크리고 앉아
이성복은 나를 읽고
문태준이 남해금산을 읽는다

어둠은 저 혼자 줄행랑치고
창 밖도 덩달아 물결치며 뒤따라간다
시간의 강물 따라 끝없이 흘러도
나는 너에게 가 닿을 수 없으니

나는 다시 너를 읽는다

서쪽 하늘 붉은 그리움

우리 오피스텔 노총각 관리소장
책받침만한 정원 꾸며
봄여름가을겨울 지날 때마다
목련이며 꽃단풍 눈 호강시킨다

딱새 한 마리 목련 그늘 아래
잠깐 놀다 간 이후로
나뭇가지에 모이통 달아두고 기다리더니
하얀 새집 지어놓고 또 기다린다

빼요쪼쪼요오요오-요
빼요쪼쪼요오요오-요

어느 날, 반가운 딱새울음 소리
노을에 물들던 날
반가운 마음 들어 창밖을 살피니
현관 앞 쭈그려 앉은 노총각
저녁 하늘 바라보며
휘파람 불고 있다

넉 자 아홉 치

연필을 깎는다
단단하게 붙어 있는 껍질을
한 점 한 점 뜯어내니
숨겨 놓았던 독한 뿔이 보인다

나는 세상의 중심
내가 없으면 세상은 침묵이라고
큰소리로 말했지만
속에 감춘 것은 독

그 독을 세상에 묻히면서
목소리를 키웠구나

연필은 닳아 없어지기라도 하지
깎을수록 길어지는 내 뿔은
어느새 넉 자 아홉 치

아버지

어렸을 때 아버지는
나를 무릎에 앉히시고
맷돌 돌리듯 살살 내 배를 쓸어주셨다
어린 마음에
밥상 위 고기반찬이라도 욕심부렸던 것일까?
잦은 체증으로 배 아픈 나를
아버지는 그렇게 달래주셨다

지금도 종종
분수를 넘는 탐욕은
내 몸의 기를 막고 혈을 막아버려
복통과 두통으로 나를 괴롭힌다
이제는 편들어줄 아버지도 계시지 않아
웅크리고 앉아 스스로 배를 쓸면서
아버지를 부른다

부질없는 욕심 걷어내듯
뱃속을 뒤집어 비워내야만

막혔던 머릿속도 편안해지니
아버지는 어떻게
둥글둥글 돌려서
내 욕심을 꺼내버리셨을까?

사랑, 연리지 외6

정채선

그대의 사랑 편린이
운석이 되어,
내 영혼에 부딪치면
내 눈물샘은 해일로 넘쳐
마른 그대 줄기 물오를 수 있을까?

내 뼈 속에 들어박힌
그대 넋을 보듬어
더운 피로 데워주면
싹 돋을 줄 알았는데…
우리 잡은 손
조금만 시간이 더 허락되었으면
결이 통했을텐데…

내 둥치에 얹힐 나이테
그대에게 나누어 줄 수 있었는데…

내 손이 그대 줄기에 닿아
땅 속 흔들림까지도
느낄 수 있는
그런
사랑이고
싶었다

사랑, 어풀루엔자

부자병
과소비 증후군
너의 사랑을
너무 많이
소모해 버려서
외로운 벌을 서고 있는
나는
사랑 어풀루엔자 증후군 환자

신이 세상 사람들에게
골고루 나누어 준
그 똑같은 양의 사랑을
너무 빨리 주어서
급하게 쏟아부어 버려서
남들 조금씩 나눌 때
나는 너무 빨리 낭비해 버려서

빈 병 들고
외로이
홀로 서는 형벌

난치병,
불치병,
고질병

사랑은
천천히
할 일이다

사랑, 다 카포(da capo)

가을 햇살
한 줌 담아 들고
그대에게 가고파

내 사랑 메아리로
되돌아와
가슴만 때리고

묻지 않으시니 대답하지 않을 밖에
있으라 않으시니 돌아서 떠나온 것을
떠나라 않으시니 또 마음 한 끝 남기고 온 건데…

어디까지 되돌아가야 하나
매정하게 외면하는 세월 붙들고
내 남은 시간 저당 잡힐거나

먼 길 돌아도
다시 갈 수만 있다면

그대 곁에서
그대 영혼 깊은 아픔까지도
맑게 닦아줄 수 있을 것 같은데…

아니, 아니
예전에 했던 것처럼
또 똑같이 할지도 몰라

내 슬픈 눈빛에
다시는 속지 말아요

사랑, 인연

이른 봄 햇살 따뜻해
널 따라 선불리 나섰다가
꽃샘 추위 찬바람에 놀라
홀로 어깨 접고 돌아와
얼얼한 볼을 잡고
눈물 흘린다

내겐 봄이 너무 춥다

아프게 꽃진 자리
자랑스럽게 씨 여물면
그게
과분한 은총이려니
여겨야 하는데

못 가본 길
어긋난 사랑
아쉽고

안타까워도
그게 모두
이승의 내 숙제려니 여겨야 하는데…

다 끝내고
짐 내리는 날
너 있어서
잠시라도 내게 네가 있어주어서
그래도 참 다행이었다고
꼬옥
말하려네

사랑, 눈물꽃

햇살 부끄러워 숨고
바람 피해 달아나며
꾹꾹 눌러담는 눈물

참으면 약이 될까
꽃으로 승화할까

눈길 돌리다가
네 눈빛 마주칠까봐
외면하고
돌아앉고…

구석구석
숨는다

순간순간
터진다

자다가 눈뜨고
걷다가 주저앉고
살다가 지쳐서

어깨가 부서진다

그래도
나는 배운다
비명소리 깨무는 방법

상사초(想思草)

이승 떠나
다른 곳으로 옮겨진 당신은
내가 이승 떠나
그곳으로 갈 때쯤이면
이미 다른 곳으로 가버리겠지요

별빛 받고 벌서면
와줄까
달빛 아래 웃어주면
당신 마음 돌아설까

나는 아직 기다려요

우습게도
믿을 수가 없어서
아직 견디고 있어요

그렇게 가버린 게

이해되지 않아서
아직 못 잊겠어요

목 길게 빼고
열로 달뜬 얼굴 새빨개진 채로
이렇게 엇갈린 시간
다시 만나지지 못할 거라는 걸 알면서도

새 잎 돋기를
나는
기다려요

옛 찻집에서

그리워 찾았지요
그림자라도 떨어져 있을까
찾아갔지요
그날의 조각이라도 남았을까 싶어서
찾아 들어갔지요

유리창 밖으로
유리창을 적시며
유월은 빗소리에 잠기고

그대 그리워
그 목소리 듣고 싶어
그대 눈길 느끼고 싶어

감싸 쥔 찻잔에
떨어지는 내 눈물이
동그랗게
그대
얼굴을 그립니다

아프게 도리질하는 대로
흔들리는 그대 눈빛은
밉게 일그러졌어도
버릴 수 없는
딱한 내 얼굴입니다.

불혹 외 5

이찬슬

그렇게 되었나보다
나도 내 나이에
깜짝 놀란다

누군가 자꾸 떠나가는 나이
자꾸 부음을 받는 나이

나이가 들면서 만남보다 이별에 익숙해지고
내 몸속에 있던
나와 같이 하던 것들도
떠나보내야 하는데

흔들리지 말라고
흔들리지 말라고

세월 매듭만 자꾸 묶는다

거친 길 걸어

내발에 붙은 무지외반증
내 뼈도 잘라내야 하는데

흔들리지 말란다

세월이 엮은 비망록

태양이 서늘해 지는 시간
숲그림자 처럼 내마음에 그늘이 진다
한 때는 사랑했던
그래서 더 슬펐던 날도 있었다

용서도 쉬웠고
그냥 담아두기도 쉬웠던 것이
사랑이라는 이름으로 포장되었었다

지금은
꺾인 갈대처럼
꼿꼿한 허리춤이 활처럼 휘어
세월을 쏘아댄다

과녁에 꽂히는 것은 바람
빈 중앙에
나뒹구는 시간 껍질은

벗겨내고 벗겨내
속만 남은 심장하나
너를 바라보며 그냥 떨 뿐

지금
사랑해서 너를 바라보는게 아니다
겨울로 가기 위해
깊이 묻어두기 위해

살기 위해
바라본다.

사랑은

사회복지학과 강의실에는
가슴마다
명찰을 달고
사랑을 꿈꾼다

사랑은
손 잡는 것
등 만지는 것
마음 쓰다듬는 것

학문으로 배우는 내 머릿속에
나는 얼마나 손을 잡고
얼마나 등을 만지고
얼마나 마음을 쓰다듬었는지

창문 틈 바람조차 막아주지 못하는데
허허벌판 저 찬바람 어떻게 막아줄까

현실은 꿈처럼 아름답지 않고
꿈처럼 달콤하지 않아
"사회복지를 꿈꾸는 것은 이상향인지"

밑줄을 그리며
그래도 꿈을 꾼다

손 호호 불며 연탄을 나르는 사람들
까만 얼굴에 피는 땀꽃이 있기에.

님 주신 밤에 씨 뿌렸네 사랑에 물로 꽃을 피웠네

어딘선가 엄마는 듣고
바람 한 줄기로
답을 하십니다

그래
아파하지 말아라
그렇게 고되게 살지 말아라

죽어서도 온 몸을 나누신 엄마는
살아 목숨을 지키는 씨를 뿌리는 딸에게
꿀 묻은 바가지 참깨 늘어붙듯 하라고

소지 같은 엄마향기를 피워냅니다.
휘파람 불라던 소영원에 오면.

조용필 노래
- 일편단심 민들레야

싸인하세요

눈에 보이지도 않는
거품 같은 상품을 팔며
파커 만년필을 내민다

그대 생을 지키는 가장 중요한 싸인
가장 비싼 만년필로 남겨두라고

귀한 그대의 생명을 지키기 위해
귀한 그대의 가정을 지키기 위해

내 필통에 들어있는 금빛 만년필
그대의 이름을 쓰며
비로소 금이 되고
웃음이 되고
건강한 미래가 되고

망설이지 마세요
금빛 만년필을 들어
싸인하세요

그대에게 든든한 울타리 하나 둘러주고.

아들

스무살이나 된 아들
내 머리 위 세뼘이나 더 목이 긴 아들을
나는 지금도 아가야 라고 부른다
나는 지금도 아가야 사랑한다 라고 한다

하루에 수십 번 아가야 사랑한다 말한다

스무해 전 매정히 탯줄을 끊어 우주 밖으로 밀어내놓고
어디서 둥둥 떠다니는지
어느 처마 아래서 울고 있는지 돌볼 겨를없이
급행열차 타고 목마르게 서둘러 댄 세월 속에

혼자 크고
혼자 외롭고
혼자 울던 아들

참새처럼 외로움을 쏟아놓을 때 돌아보지 못했더니
스무살 지금은 네.. 엄마 사랑해요.
해바라기처럼 멀쓱한 대답만 담장 위에 기웃댄다

멋진 대학생 장학증서가 눈부신 아들

지금 갚아주고 싶다
아가야
아가야 사랑한다
마음껏 마음껏 갚아주고 싶다

내 마음 밖에 세워두지 않기 위해.

아프니까 청춘이다

안수림

선물로 받은 책 한 권
'아프니까 청춘이다'

내 인생을 하루로 본다면
스물여섯 살인 지금은 아침 7시 12분

얼마나 한참을 가야하는 거죠
가다 보면 웃을 일도 있다는 거죠

여보세요
손 좀 주세요

since 2005

이현라

아무것도 아닌 것으로 묻어버리기에
내가 받았던 배려와 네 관심이
아직도 벅찬 감사와 사랑으로 남아
쉽게 지나쳐 놓아지지가 않는데
따갑고 차가운 몇 마디 말로
네 마음 네 진심에 그렇게 상처 입힌 내가
다시 널 찾아 아무 말 하지 못한다면
시간 시간마다
바람결에 흩날리지 못하는 무거운 짐이 되어
우리 함께 한 시간들이
밟히고 찢겨져 상처로 남을 것 같은 생각에
즐거웠던 순간들이
한낱 지워버릴 것들로 퇴색해 버릴까 두려워
잊자고 말한 것들을 잡고
잊혀지길 바라는 너에게 잊지 말라 말하는
날 용서해 주길

♣ 시상문학 20집을 회고하며 한 말씀 ......

무슨 이야기를 해도 다 내 일처럼 생각하고 침묵조차도 달게 나누어 갖는 삶의 쉼표
보고 또 보아도 싫증나지 않는 소중한
더없이 소중한 한 가지(枝), 같은 기운(氣)

- 윤월로 -

시만 생각하고 시만 사랑하고 시만 읽는
좋은 사람들
문학 마당에서의 유일한 사랑방이다.
그리고 문학의 처음이자 끝
거기가 바로 여기

- 송영숙 -

시상은 삶의 결이다
날실과 씨실 엮어 네 권의 시집을 묶었으니
그 제목들처럼 '시상'은 내게
「강이 있는 수채화」요, 「애인」이며, 「인연」의 마당이었고
「나르시스」의 영원한 꿈이다.

- 박미용 -

좋은 사람들을 만나 마음을 쏟아내던 저녁이 있었습니다. 그 저녁에 만난 '시상문학'은 제게도 필을 놓지 말아야 한다는 무언의 메시지를 가슴에 품게 해 주었지요. 생각 안의 커피처럼 씁쓸하게 묻어 있는 일상이 살픗, 일탈을 꿈꾸게 했던 '시상문학'과의 만남이었습니다. 심혈을 기울인 옥고를 세상 밖으로 보내는 일은 고운 마음들만이 할 수 있는 일입니다. 20집을 만들기까지 감내(堪耐)하며 보

낸 세월을 넉넉한 마음에 담아 낸 詩人님들의 작품과 함께할 수 있어 행복합니다. '시상문학'은 빈 뜰을 아름답게 수놓을 향기로운 문학지임이 분명합니다. 시상문학 20집을 진심으로 감축합니다.

- 강옥희 -

우리에게 스무 번째의 작품집이 나옵니다.
기억 나나요? 영국사의 길 위에 나란히 누워 별을 보던 그 저녁에도
대천해수욕장의 새벽바람에도
뜨거웠던 우리 가슴..
그렇게 살아갑시다. 나이 들어도 뜨겁게...
앞으로 40집...나올 그날도 우리 함께 합시다.
그것 뿐입니다. 나의 바람은...

- 이현옥 -

높지만 바라보며 가겠습니다.
시상의 울타리 안에 함께 넣어주셔서 고맙습니다.

- 이찬슬 -

사람을 알고, 사람에게 배우고, 사람 때문에 아프고, 사람으로 치유받고...
'나중에, 나중에' 하고 미루던 일들이 돌아보니 참 많다.
그 중에 제일은 '나'를 사랑하는 일이었던 것같다.
어느 순간부터 나 자신이 보이기 시작했다.
나를 보여주는 거울이 생겼기 때문이다.

- 정채선 -

우리 '시상문학'이 어느새 스무권의 시집을 내고 말았군요
겁도 없이
아무 생각없이
앞만 보고 달려왔는데 말이예요
더 좋은 글로 함께하겠습니다.

- 전현숙 -

시상과 나
서운하다는 것은 기대한다는 것
기대한다는 것은 가깝다는 것
가깝다는 것은 함께했다는 것
그래..
나는 시상하고 내 삶의 거의를 함께했구나
시상은 '그냥'이 아니네...

- 이순옥 -

고맙습니다
감사합니다
무조건 따라가 보겠습니다.
'시상문학' 은 저의 첫사랑입니다.

- 안수림 -

윤월로

20th 시상문학
신작시

· 시집 『나무 오른편에서』 외 5권

· 수필집 『안단테로 걷는 산책길』 『머루헌의 누운 향나무』

· 〈시와 시론〉 신인상, 한글선양 유공자 표창, 대전문학상
원종린 수필 문학상

· 한국문인협회 대전지회 부회장

· 010-9245-6757

· yun-5577@hanmail.net

■ 시작노트

세 줄기 샘

은혜

惠風生氣 - 은혜의 바람으로 새 기운이 돋으니.

은퇴 목회자이신 곡전(谷田) 이내강 님께서 써주신 휘호로 읽을 적마다 그 분의 하나님께 대한 성실하심과 성도들을 향한 도탑고 너른 사랑의 은혜가 내게도 다가와 감도는 듯하다. 돌아보면 나의 삶 모두가 은혜요, 기적이기도 하다.

가족

鶴立老石 - 오래된 바위 위에 학이 앉아.

우리 집 세 아이들이 어렸을 때 다녔던 동네 서당에는 만당(晩堂)성주표 선생이 계셨다. 1983년 여름 우리가 이 집으로 이사했을 때 선생께서 덕담으로 써주신 글씨는 지금도 안방에 걸려있다. 그런데 공교롭게도 내 이름은 윤월로(尹月老)이고 남편은 서영석(徐榮錫)이다. 비록 한 글자가 다르긴 하지만... 그 서당에 다니던 아이들은 이제 다 자라서 만당선생님의 축복대로 셋이 다 학이 되었다.

정

玉泉有情 - 맑은 샘물엔 정이 넘쳐서.

동료이던 지헌(志軒)류평렬 님이 추사체로 써준 편액 하나가 우리 집 이층으로 올라가는 계단 벽에 오래 자리잡고 있다.

白雲無心抱幽石 (백운무심포유석)

玉泉有情含明月 (옥천유정함명월)

세상에는 맑은 물 같은 성정을 지닌 이웃들이 참 많다. 각운을 맞춘 듯 우리 집에 꼭 맞는 글귀가 더욱 정답다.

일곱째 날

내게 행복한 일 하나를 꼽으라면
햇살 따뜻한 일곱째 날,
온 가족이 함께
앞으로 세상에 오실 이의 이야기와
그렇게 오신 '사람의 아들'의 소중한 이야기를
주신 이에게 온 마음으로 감사 드리는 일

바로 그 따뜻한 오늘
사랑하는 아이들은
산을 넘고 바다를 건너 먼 곳에서
제각각의 꽃을 피우고 있는데
지금 이 시간은 무얼 하고 있을까?

내 영혼에 맑은 종소리 울려 퍼지는
예배당으로 홀로 향하는 지금
곁에 없는 그들을 아쉬워하며
축복처럼 쏟아지는 햇볕 속을 걷는다
붉은 밧줄* 하나
마음에 늘어뜨리고.

* 구약성서 여호수아 2장. 라합과 그의 가족을 살린 붉은 밧줄

겨울내기*

누구는 빛나는 보석으로
누구는 희망찬 망아지로
누구는 듬직한 황소의 모습으로
너를 미리 느끼며 많이 기다렸다
참 고운 눈으로 온 천지가 덮인 순백의 날
햇빛은 더욱 눈부셨다
하늘에 떼를 써 세상으로 내려온 너를
우리는 황홀한 기쁨으로 맞았지

여러 겹의 겨울을 지나
다시 돌아온 이 겨울
사랑의 괴로움과 세상의 추운 슬픔들을
문 닫고 잠그며 너는 애써 감추려하나
문틈 사이로 새어나오는 연기 같은 한숨만으로도
내 가슴의 모세혈관은 터져버려
흐르는 붉은 피 영혼까지 적셔버려
마침내 기도는 흐느끼며 강물로 숨어버려
우리는 멀리서 서로를 외면하며 울고 있구나

그러나 감사하게도
단단한 얼음장 밑으로도 겨울 해는 녹아 흐르고
희미한 겨울 볕으로도 꽃은 피어나
우리들의 가슴은 온기가 차오르니
사랑아, 세상이 아주 춥지만은 않은 곳이다
눈물을 닦고 가슴을 펴라
곧 수많은 꽃 더불어 봄 찾아 올테니
겨울이 추운만큼 꽃들은 더욱 화사하리니.

* 겨울에 태어난 사람

빛의 위로

그 안에 생명이 있었고*
생명의 빛으로 어둠을 물리치니
하루가 빛으로 열리는 것처럼
빛 속으로 시간은 걸어가고
시간의 빛 속에서 공간은 뛰놀고
공간의 빛 속에서 삶은 늘 흔들리는데
운명은 언제나 길게 누워 물끄러미
나를 바라보고 있네
마음 하나 올곧게 붙잡고
성실하게 건너고자 하는 운명의 바다
행운은 진리 편에 서는 사람이 바랄 것은 아니어도
일마다 행복할 수 있는 빛의 세상

빛이 있어
그 빛에 평생 비워내는 가슴을 가로질러
흘러가는 생명의 강.

* 그 안에 생명이 있었고 (요한복음 1장4절)

오늘

하늘과 땅이 축복으로 맞닿아 있고
숨 쉬는 공기마저 달다
어쩌면 내일
바람 불고 비 내릴지라도
오늘
햇빛은
감출 수 없는 기쁨으로
굿거리장단에 춤을 추며
노래 부르라 한다.

오늘은

누군가에게는 참 특별한 날이고
누군가에게는 어제 그제와 다름없는
그저 그런 날이다
누군가에게는 가장 기쁜 날이고
누군가에게는 참을 수 없이 슬픈 날이다
누군가에게는 결코 잊고 싶지 않은 날이고
누군가에게는 없었으면 좋았을 날이다

사고, 팔고
시집가고, 장가가고
꽃 피고, 꽃은 지고

하지만
오늘은
그 누구에게도 영원히
단 한 번뿐인
하루.

정말일까?

사람들은
나쁜 사람들이 나오지 않는 드라마는
재미없다고 한다

착한 사람들만 산다면
이 세상은 정말
재미없을까?

옛집

정성스런 어머님의 성품이
단지의 뺨마다 반짝이던
장독대
채송화 꽃잎마다
노을이 물들어
더욱 고왔다.

숨바꼭질하며
숨어서 보았던
어린 시절 뒤 뜨락.

향기울타리

날마다 오늘이
행복의 정점이어서
기뻤다, 감사했다

바람 함께 햇빛 함께
끝내는 시들어 구차하게 매달려
흔들리는 목숨마저도
내 몫의 운명이려니

굳이 장미가 되고 싶어서 핀 꽃 아니었기에
메꽃이 되기 싫어서 그런 것도 아니었기에
백합이 미워서 장미로 태어난 것은 더욱 아니었기에
나도 모르는 사이 장미로 피었고
그렇게 세상은 제각각 이름의 꽃들로 가득한
생명의 향기 울타리

눈물도, 웃음도
타고난 만큼만 건네주고
우리는 다 떠나야 하네.

사랑은 그렇게 다르다

그가 내게 자주 전화를 하면
우리 서로 기쁜 일이나
내가 그에게 자주 그렇게 한다면
별로 잘 하는 일 아니고
모양새 좋은 일도 아니다

그가 나를 자주 찾아오면
누구에게도 칭찬 받아 마땅한 일이나
내가 그에게 자주 그렇게 하면
사람들은 말하겠지
아직도 세상을 모르는 사람이라고

그가 나를 극진히 그리워하면
아름답고 착한 사랑이나
내가 그렇게 그가 그리워지면
차라리 돌아서 스스로를 다스릴 일이다
놓았어야 할 끈을 붙들고 있는 건 아닌지

적당한 거리의 이쪽에서 이만큼만 그리워하며

그가 있으므로 행복할 수 있음을 감사해야지
예나 지금이나 한결같이 산 높고 골도 깊지만
메아리는 점점 사라지는 치사랑 내리사랑
천륜도 세월 따라 그 규칙이 달라지므로.

이현욱

20th 시상문학
신작시

· 시집 『아이야 우리 별 따러 가자』 외

· 산문집 『사람답게 산다는 것은』

· 현재 대전문화방송국 구성작가

· 010-5423-1972

· silkjewel@hanmail.net

■ 시작노트

때때로 넘어지려 할 때
그대 있음에
일어선다

끈질기게 사는 게 장수 하는겨
늦은 퇴근길 전화하며 안부를 전하던 그대 있음에

아유..밖에서 밥 먹을 수 있을 때 밥 한 번 먹어요
가슴을 은행나무처럼 물들인 그대 있음에

기도할게요
그렇게 걱정해주는 그대 있음에

굴밥 그릇을 앞에 놓고
애잔하게 바라보던 그대 있음에

아유 어디가 아퍼..제발 아프지마
그대 있음에

그대 있음에
그대 있음에

바람개비

저녁에 베개를 베고 누우면 천장이 바람개비처럼 돈다
하루종일 어지러운 세상에서 살다 돌아와
하도 헛것을 봐서 그런가보다

아침에 일어나 고개를 들면
천장이 또 바람개비처럼 돈다
어지러운 세상으로 나갈 무장을 미리 해
세상의 너울파도에 휩쓸리지 말라고

바람개비는 바람이 있어야 돌지만
내 몸은 바람 없이도 돈다
알아서 돈다

저 혼자 코끼리처럼 코를 잡고
빙빙 돈다 빙빙 돈다

안단테로

대천 해수욕장을 가기위해 무궁화호 열차를 탔다
열차는 간이역마다 가쁜 숨을 내려놓았다

서대전에서 계룡~논산 ~강경 ~익산 ~군산 ~장항 ~서천 ~판교 ~웅천~남천~대천
많은 간이역을 스쳐 바다에 내려놓았다

KTX보다 더 빠른
서울 부산을 1시간 30분이면 갈 수 있다는
차세대 고속철 HEMU-430X이 나온다고
세상은 온통 빠름 빠름 빠름 외치는데

우리의 그 날은
하늘의 구름도
내 심장도
모처럼 안단테였다

해수욕장에 모여든 사람들의 웃음도

서쪽으로 기우는 저녁해도
모처럼
심장박자에 맞춰
천천히 웃고
천천히 저녁노을을 바라보고
천천히 집으로 돌아갔다

그날 노을은 유난히 아름다웠다
웃음 많은 그 여자들처럼.

정구지 꽃

세상 열에 들떠 신열로 끓을 때 찾아간 고향 집
어머니는 텃밭에 가서 삐죽한 정구지를 뜯어
죽을 끓이셨다

내장 열 내리는데 최고여
맘 속 가득한 열을 내보내야지 안 그러믄 내장이 탈이 나는 겨

그러다 어머니 목소리 톤이 높아지셨다

어여 나와 봐 정구지 꽃이 별처럼 폈어

그 목소리를 따라 텃밭에 나가면
어머니 목처럼 가는 줄기에
흰 별을 달고 있는 정구지 꽃

세월 따라 정구지 꽃도 추억의 꽃이 되었지만
애잔하게 죽을 끓이시던 어머니 꽃
내 맘 속에 해마다 피어.

새가 되고 싶은 날

사랑을 거래 할 때도 마침표가 필요할까
해진 사랑 수선하던 그 날
세상 아무 일도 일어나지 않았었다

인터넷 한 공간
우수수 비늘처럼 떨어지던 막막한 이름을 읽으며
어딘가에 숨어있을 날개를 찾고 있다

어깨 아래 겨드랑
불 밝히지 않은 구석
따뜻한 목소리 고이는 샘물 퍼 마시면
백지 같은 네 가슴에 둥지 틀 수 있을까

턱까지 치오르던 어둠은
정수되지 않은 마음 흡수하고
손뼉 친다

촘촘히 고명으로 얹은 별빛이 부화되고
거리는 온통

처녀막 같은 비 꽃 터지며
온몸에 불을 켜는데
오르가즘 파편에 맞아 그믐달 혼절하는 사이

축제를 준비하는 백일홍
단전호흡에 빠져든다

가을 시집을 받고

시집 한권이 가을처럼 내게 왔다
내 이름을 기억 해 배달된 시집은
나를 기다리는 내내 문자로 비단을 짜고 있었다

노을 타던 하늘에
바람이 쓸고 간 나무 가지에
아직 돌아오지 않는 발걸음에
문자들을 걸어놓고

조각조각
맞추고 부수고 맞추고 부순
가을

시 한줄 쓰기 어려운 그 날
시가 쓰고 싶어졌다

나도 그처럼
햇살로 비단을 짤 수 있었으면

거꾸로

소주를 두어 병 마시고 주소를 잃은 것처럼
까마득한 어둠 속에서 무릎이 저절로 꺾였다
그래도
괜찮은지
물을 안부도 기억나지 않았다

아내는 다시
메스를 대어
몸을 팔아야했다

그러며 가장 먼저 보험계산을 한다
살면?
죽으면?

안심하는 눈치다

가난보다 더 힘든
병을 이고
삶의 거리에 나가서도
돈 계산을 해야 하는 물빛 아내

얼굴이 창백하다

가을이 깊어가는 대신
아내의 건강이 낙과처럼 툭
무릎 아래로 구른다

지금까지 거꾸로 살았다
가장 먼저 살펴야 할 사람을 뒤로하고
무거운 짐을 올려주었다

무성하던 나무
태풍에 무너지고 만 그 여름 끝.

절망도 때로는 약이 되었다

상처받은 꽃잎 비늘로 떨어지던 날
저 숲 몸 열었다
팔 부러지고 다리 절뚝이는 영혼까지
가만히 받아 꽃으로 피워내
마지막 별로 빛나게 했다

가만가만
찬 손 주무르던 사랑
어딘가와 맞닿아 이토록 진한 전류가 흐르는지
아득한 하늘 가득 겨울꽃이 핀다

절망도 때로는 약이었다
벼랑 끝에 서서야 바람이 얼마나 고마운지 알았다
등에서 끓어대던 필라멘트
저 혼자 온도를 높이며 살을 식히는 절망의 바람
그제서야
꽃 피우는 힘이 되었다는 걸 알았다
핏줄 속을 헤집어
붉은 꽃눈하나 움트고 있음을 알았다

상사화

그래
어둠은 곧 꿈이 되겠지
별은 네 심장을 떼어 달아놓은 종소리란 것 알아
그래서
그 종소리 듣고
피어나는 꽃

찢어진 치맛 자락 아래
아직도 뽀얀 무릎
갈래갈래 찢어진
사랑

그래
꿈은 곧 어둠이 되겠지
바람 지나가면 그뿐
누가 네게 돌 던질 수 있으랴

우리 어깨에 모두
찍힌

정직한 너만이 해낸
뜨거운 사랑한 죄.

그냥 두어라

꽃에
벌 나비 날아와 앉는다고
수근대지 말아라
움직이지 못하는 꽃
밀쳐내지 못하고 속 밑까지
남은 꿀 다 빨리고 있으니

그래서
사는 벌 나비 있으니

벌 나비 꽃 찾아 기웃인다고
수근대지 말아라
저 먼 들판까지 날아갈 수 없는 씨앗을 옮기며
생명을 이어가고 있으니

그래서
사는 꽃들 있으니

절대 남의 꽃이라고

남의 벌 나비라고
수근대지 말아라

너 또한
누군가 지독히 품으려 하고 있으니

수근대지 말아라
나 또한 너
지독히 품은 적 있으니

회화나무

그대의 언어는 어떤 것인가
그저 묵묵한 마침표이지만
알아

가지가 잎이 꽃이
문장이 되고 단어가 되고
쉼이 되고 삶이 되는 것을

여름을 물들이던 그늘이 되어
꽃잎 떨군 길 걸어가게 하는
몸 바쳐
고단하게 생을 일으키는 어머니처럼

하나 둘 바람 따라나서는 꽃잎을 배웅하는
길상목의 기도

그릇 집에서

참 이상하다
살림도 제대로 안하는 여자
꽃무늬 접시를 사고 싶다
참외 깎아 놓으면 좋겠네
수박도..

그러다 여자는 픽 웃는다

그릇 집 가면 그릇 사고 싶고
하다못해 놓을 곳도 없는 장독도 사고 싶고
이불집 가면 아 저 이불 덮으면 잠 잘 오겠다고
이불 사고 싶고
꽃집 가면
꽃 사고 싶고

사랑 보면
사랑 사고 싶고

강옥희

20th 시상문학
신작시

· 아호(雅號) 小蘭

·『(詩集)별보다 고운 눈물 내 안에 가두고』

· 제 5회 한국 영농신문사, 한국 농촌문학상 최우수상 수상
대전문인협회 '문학사랑' 2008년 인터넷 문학상(101회)
'창작과 의식' 詩부문 신인상
대전 문인협회 회원

· (042)622-2220 / 011-427-3618

· e-mail : soran-@hanmail.net
daum cafe : http://cafe.daum.net/dkclatkfkd

■ 시작노트

나신의 태양이 가로수에 뿌려논 언어,
악착같은 삶의 오후는 여백이 없습니다.
긴 시간을 헤쳐나갈 용기가 바로 글 쓰는 일이 아니었나 생각됩니다.
추억을 털고 일어서려니 보내는 계절만큼 힘이 듭니다.
단조로운 일상을 가슴에서 꺼내면 기쁨과 아픔이 반반씩 자리합니다.
가슴 속에 사랑과 이별을 함께 묶어둔 그리움의 방이 있었기에
마음에 실려오는 생각들을 세상 밖으로 내보내지 않았나 싶군요.
심어놓은 꿈들이 자라지 못해 격조함이 체득되기도 했지만
별이 잠든 새벽의 청빈한 언어는
제 영혼을 충분히 진화시켰으리라 믿고 싶습니다.
가을이 떠나는 계절 11월의 우울함을 걷어내며
광활한 바다를 향해 희망의 배를 띄우겠습니다.
'시상문학'의 20주년을 진심으로 경하敬賀 드립니다.

아침 같은 사랑 카페에서

풋풋하게 달려와 가슴을 여는 바람
가끔 묶였던 끈들이 풀려
뜬금없는 소식도 그리운 옛사랑 얘기로
우여곡절이 한꺼번에 쏟아져 나오는 하루,
울컥, 맺히는 응석 같은 눈물의 이유가
분명 사랑이었듯
온종일 추억의 단편을 꺼내 놓고 웃는다

열정의 순서에 박혀있는
꽉 찬 생활의 일부가
음악을 찾는 일,
미소 짓는 일,
한 호흡으로 사물을 안고 이해하는 일,
상처에 잠긴 말 온전히 삭히며
힘이 되었던 시간들을 사랑한다

세상에서 가장 아름답고 고운 시선들이 모여
희망을 넣어 만든 보물 주머니를 풀어서
쏟아져 나오는 분홍빛 얘기,

초록빛 노래와 좋은 얘기들로
예쁜 세레나데를 연주하는
내가 되었음을 감사한다

삶을 지치게 하는 그런 날
인식은 늘 제한적이어서
설레이는 고백 받아도
돌아서면 금새 잊고 마는 나이
그리고 흘려들은 작은 뉘우침
날 기다려 준 텅빈 집과 시간들이
미분(未分)이 되는 이유는 모를 일이다

소나기, 황순원 문학관에서

새벽별 깨우는 아침은 안개에 덮여
들뜬 마음을 감추어 주었습니다
최상의 맑음이 오랜 권태를 쓸어내리며
눈부신 가을을 만났지요

뭇 별 속에 가둬 둔 사랑처럼
그립고 보고싶었던 그리움 만나러 가는 길은
언덕을 오르고 계단을 밟았지요
순수, 절제, 국어사랑의 삶을 경청하며
엄숙해지던 시간이었습니다

한 뼘씩 짧아지던 햇살을 따라
잔잔한 가슴 깨우던 그 곳,
올곧게 살아가는 법을 배우고 돌아오던 길은
갇힌 생각 하나 깨우고
빈 껍질 같은 마음에
함부로 쏟아놓던 투정도 부끄러웠습니다

여린 들꽃 줄기 코스모스 길 따라

인연의 침묵으로 되돌아 보던 길,
내일쯤 뜬금없는 소식이 올지도 모르겠습니다
소박하게 착히 살았던 그 세월이
제 맘에 물들어 옵니다

말하지 않아도 그 님의 가슴이 되었습니다
짧은 순간, 유년으로 돌아가 윤초시의 손녀가 되었습니다
그는 소나기를 피해 초막으로 저를 이끌었습니다
한순간 별이 되어 그 가슴에 뜰지 모르겠습니다
아니, 별이 되어 뜨겠습니다.

무제1

의식의 저변은 변동 지수도 높다
하나씩 죽어가는 민감한 세포
내리는 빗소리도 무덤덤하다
허물을 벗겨내리고
살이 차오르기까지
웃음 잃었던 시간이 길었던 때문일까

무시(無時)로 억울한 세월이 치받아
생각의 끈 놓기가
잃어버린 세월만큼 힘들다
웃자란 생각과 지지부진한 일들의 의미를 열어 보다
과거를 부정하는 꼬투리에 머물러 있다

함부로 쏟아 놓은 투정도
뭇별 속에 가둬 둔 사랑처럼 그립다
우리라 하며
자신이 더 소중했던 사람들도
고통 없이 넘기는 책장이면 좋겠다

계산된 탐욕의 잘 익은 뾰루지 짜내고
돌아선 그 날, 그 시간을 조명하면
반전하지 못한 억울함은
참는 것만이 능사라시던 부모님 떠올리며
숙명 같은 인연에 엑스선을 긋는다

잠을 잃은 새벽

걸어두고픈 세월의 문 틈으로
초승달이 뜨고
고요한 새벽 종소리 외롭다
세월을 반 바퀴 돌고 만난 인연은
떠도는 바람을 닮았다

마음 베여도 좋을
가져온 한 아름의 꿈이
여명의 시간을 갉아먹는다
희망을 품을 수 없다면
힘든 꿈의 무게도 줄이자
녹일 수 없는 추억이
꾸역꾸역 옆구리로 차올라
일관성을 잃었다

퇴폐적인 삶의 한 단면이
가까이 느껴질 때마다 춥다
마음 속 묵은 먼지를 털어낸대도
결코 변할 게 없는 삶

꿈을 비켜 서 있던 생각을
하나 둘 가슴에서 펴 내는 시간

감기

묵직히 어깨에 머무는 새벽 한기
부음같은 기별
성대가 아픈 호흡에
지루한 마찰음이 샌다
응석 부릴 곳 없다는 생각은
전생이 오만한 왕비였을까
약을 거부하고 토라지는 속앓이
도도하고 당당한 미운 너는
실체도 없는 복잡한 관계로
끝없이 매달리는 너는 어디서 왔니
악연의 끈 잡고
찰나(刹那)마다 스며드는 사악한 세균 같다
마음을 여닫는 문이 밀어낼수록
정적조차 두려운 소음을 낸다
복잡하고 지루한 관계

악연

차 한 잔 우려낼 동안
얼굴에 띄운 홍조
한 잔 다 마실 동안에도
덕지덕지 욕심 굳히기를 면치 못했다
오랜 세월 내내 가슴을 욱죄이게 했던
가슴에 살고 있는 작은 상처의 방에서
술렁이는 요동소리
볼 때마다 심장이 가속 운동이다
돌아서면 찝찝한 건
아름답지 못한 인연 때문일까

어제와 다른 생각들이
종종 결별을 선언한다
계절이 흘리고 간
땀방울보다 하찮은 얼굴을
그땐 그 서러운 바람소리에도
마음을 가누지 못했지
덤덤한 마음으로 마주 대할 수 있기를
기도하는 마음이 된다

떠나는 길목에서

양심의 불은 꺼지고
심술의 바람을 불어넣어 만든
풍선 같은 언어와 비난의 얼굴들이
스크린 가득 밀려온다
차마 되돌려주지 못한
기억을 삼킬 때마다
가슴에 지핀 불덩이가 탄다

짧은 삶을 어디다 동이려
고성高聲이 달려드는 빈집 뜨락에
수많은 기억의 샘은
본질을 비켜 착상한 걸까
돌아올 수 없는 어제는
집착에서 떨어져 가고
지금
마음의 비를 맞으며 서 있는 길
내리고 있는 비의 슬픔을 아는지

의미없는 거짓을 세상에 남기고

떠나는 발자국은 편안했을까
진실은 하늘로 떠나보면 알게 되지
쌓이고 쌓인 시련의 깊이로 무게로
무너지던 가슴의 상처 아물기도 전
죄를 씌우는 사악한 생각이
저 하늘에선 양심과 만나
초록별이 되어 뜨기를

9월의 연가(戀歌)

하늘이 구름을 열고 바람을 잉태했다
낙엽이 문자로 쌓여 우울한 하루
무심한 거리의 소음들이
서늘한 바람 속에 갇혀 있다
생의 주인공은 돌아오지 않고
유실된 추억만 줍는 오후

사랑이 때론 미울 때도 있지
지치도록 남기고 간 빗소리처럼
온 가슴을 헤집고 아프도록 인내를 숙성시킨다
싫고 좋음을 반복하며
서성대는 기억의 창고에서
눈부신 행복, 절벽같은 불행을
동시에 던져진 주사위,
떨쳐낼 힘도 용기도 사위어 버린 하루

마음에 둔 기억을 덮자
파괴적인 생각은 열지 말자
미처 알아내지 못한 상처를

파헤치며 아파하지 말자
나머지 계절엔 따뜻한 체온으로
느껴도 좋을 창백한 모습도 행복하리라

송영숙

· 1993년 〈시문학〉 등단
· 2011년 호서문학상
· 시집 『할미꽃과 중절모』 『벙어리매미』
· 현재 〈송주형 글쓰기·논술〉 운영
· 010-3417-4056
· songjh4056@hanmail.net

■ 시작노트

눈 귀 열렸어도 열리나 마나입니다
마음만은 한량이라
옆의 것들 흉내내기에 민첩하지만
손가락질 받는 줄도 모르는 경텃절몽구리아들
정신 돌아오니 저도 우스운지
숨고 없습니다

그래서 이제 저는 없습니다.

태교 음악을 듣는다
- 모차르트 바이올린 소나타 32번

여기는 다시 어머니의 바다
수천 송이 꽃이 한꺼번에 피어나는 듯
수천 개의 귀를 열어요

속속 스며들어 피가 되고 살이 되는
모차르트 바이올린 소나타 32번
나는 행복한 물고기

처음으로 돌아가서
조물조물 주물러 다시 만들어주세요

작고 여린 심장은 크고 단단하게
그리움으로 막혀버린 길목은 터서 물길을 내고요
꼬인 데는 잘 펴서 햇살밭에 널어놓아요

마당에선 착한 형제자매들이 나를 기다리고요
늙은 아버지는 마당질을 하고 계시죠
즐거워라. 나는 어머니의 벽을 살살 긁어대는
여물어가는 끝물

다시 말하기를

평생 남이 쓴 시를 읽고
남이 만든 음악을 듣고
남이 만든 남이 만든 거기 남이 만든 내가 있고

더 추해지기 전에 무엇을 해야 하나
세상 모든 좋은 말들 맨 아래에
한 줄 더 보태고 싶어지지만
나 그대들의 발자국을 따라 가듯
누군가도 내 뒤를 따라오며
또 한 줄 넣고 싶겠지 싶어
속으로
나만 아는 노래를 부른다

평생 남이 쓴 시를 읽고 남이 만든 음악을 듣고 남이 만든 남이 만든 거기 남이 만든 내가 있고

라온 힐조*

파란 풍선껌 한 입 가득 풍선을 불면
하늘에서 커다란 비누방울 같은 풍선이
부풀대로 부풀지
나 언제
팽팽한 저 실핏줄의 역동을
본적 있던가
오늘 아침
지금껏 보아온 흐릿한 그림들을
굵은 평붓으로
한 획에 지워버린다
그리고 산 위에 올라
먼 바다
물속에서 이백년을 산다 하는
난폭한 그린란드 상어의 지느러미를 향해
혈을 찾아 침을 꽂듯
활을 겨누는 거다

플라타너스 가로수 길 지나 눈 수술하러 가는 길

* '기쁘고 즐거운 이른 아침'의 순우리말

허공

매운 파 속으로 하얗게 길이 나 있다
누가
외줄 타듯 거닐며
하얀 피로 금을 그었나
마지막 사람에게로 가는 일방도로
흐린 날 번개처럼 선연하다.

친생자관계 존부 확인

깜박했다
유전자 감식

속내를 보이지는 않았지만
아롱이다롱이 각각인 형제자매들
타인 같을 때 있다
어디 먼 별에서 떠돌다
너는 형 나는 아우
역할극 하며 놀다가
생판 모르고 있던 친부모라도
소설처럼 나타나면
서양식 인사로 끝내야지 했는데
다 끝났다.

박미용

20th 시상문학
신작시

· 필명 가을강(gaulgang)

· 대전여고, 공주사대 국어교육과 및 동 대학원 졸업.
〈구조문학〉 〈율문학〉 〈동시대〉 동인으로 문학의 꿈을 키우다
〈호서문학〉 〈시상〉 〈대전충남여성문학회〉 〈한국문인협회〉 동인 및 회원으로 활동
현재 충남 계룡시 계룡고등학교 교사

· 제1시집 〈강이 있는 수채화〉 1993
제2시집 〈애인〉 1995
제3시집 〈인연〉 2002
제4시집 〈나르시스〉 2008

· 010-3212-3304

· gaulgang@hanmail.net

■ 시작노트

사행심으로 반짝이는 눈 Eyes shining with gambling spirit
제 몸을 볶아대는 성급한 행동 Hasty behavior irritating my own body
잔정이 많은 섬세한 성격 Warm-hearted personality with delicate sentiment
사랑과 질투 Love and jealousy
화려한 병력 Various medical history
인생의 종착점까지 Even the terminus of life

나란 나의 모습이란 My image,
당신이 그린 그림 It is a picture of your own drawing

눈 감고서도 I can also draw you
나도 당신을 그릴 수 있으니까 With my eyes closed.

구절초는

- 산골마을

바람에 흔들려도
내내 그 자리

비탈진 언덕에
지고 피고 피고 지고

여기서 기다려요
볼 수 있겠지

산을 넘어 강을 건너
석양이 지기 전에

오시리라
오셔라 오시리라

숨 죽여 눈물 죽여
여위어 여위며

또 한 해
참 미련한 구월을 보내옵니다.

단풍유감

- 내 그림자

해사한 눈웃음
시리게 곱더니

눈썹을 찡그리며
낙엽 지누나

비 내리듯
눈 내리듯

툭툭
가슴 한 복판에 떨어지는

흐흐흐,
허망한 사랑

무릎 꿇고서
머리채 조아리고

가을밤 깊은 밤
꿈에라도 꿈에라도

그리움이 지쳐서
단풍 듭니다.

악성 뇌종양
- 그대를 기억함

어쩐대냐
하냥 매일

틈새기로
빛처럼 새어 들어오는

파란만장 파노라마

목 베어
머리 떼어낸대도

기어코
마음 한 가운데 비비고 들어오는

시간의
결절

칼이 있었으면

전현숙

20th 시상문학
신작시

· 호서문학 회원

· 시집 『머묾을 위하여』 외 1권

· 충남 연기군 금남면 축산리 20-6

· 010-2795-0171

■ 시작노트

마침내 눈이 내리면
모든 상처를 덮겠지
상처를 덮어주는 유일한 눈이 바로 詩였다.

달빛 다비

그렇게 가는 것도 좋겠다
달빛 흐드러진 밤에
바람 타고 가는 불꽃
가슴 가득
옹이진 이름 하나 지우며
숲으로 가는 어둠처럼

단 한 번도
스스로 빛을 내지 못하고
누군가의 그리움으로
울림이 되어서 발하는 빛
혼불 더하고 눈물 없어
온 곳으로 되돌려 보내는 춤곳

그렇게 꾸는 꿈도 괜찮다
별 촘촘히 길을 내는 밤에
이승의 마지막 인사로
내가 알고 그가 아는
플루트 운율에 몸을 섞는
완전한 연소

그 밤 우리는 죽었고 다시
살아났다
빛이 땅에서 올라 우주로 가고
숲에선 뻐꾹이가 울었다
새의 눈물에 달이 젖고
정적만 남았다

국화

꽃이 피었다
된서리에 향기 더욱 깊어져
가벼운 눈짓에도
흐드러지게 몸을 틀어
서늘한 시선 잡아두는
음전한 여자
그 영혼의 음이 열렸다

인고의 빗장 풀고
식는 심장 불사를 비밀한 언어로
차가운 인사 준비하는
청춘의 몽정
바스러지는 상처를 딛고
서릿발 녹이며 길 떠날 시간
처음 사랑이 농익었다

밤 마실

달도 없는데
밤 마실 간다

어둠이 길을 내어 준
떡갈나무 사이로
흥얼흥얼 노래 부르며
마실을 간다

별이 내게 와 꽃이 되고
울창한 나무 그늘이 시간을 묶는
살폿한 기분에 들떠
밤 길 걷는다

통증

살아 있다는
아직 숨 쉬고 있다는

너를 보기 전
풀 수 없는
모진 인연의 업보

볼 수 없다면
지워야지 하며
시간에 갇히고
별이 삭는 곳에서
질기게도 조여오는
그것을 안고 산다

살아 있다면
언젠가 올 테니까

풀

조르지 않고도
하늘을 가졌구나
작은 스침에도
온몸을 떠는
풋풋한 설렘

고르지 않고도
흙을 품었구나
바라지 않고도
꽃을 피우는
푸른 당당함

밟으면 밟혀주고
꺾으면 쓸려주는
생명의 아량
흙의 숨결로
이슬을 올리는 말간 침묵

쑥부쟁이

무지렁이 헤픈 웃음으로
논둑, 강 언저리, 낮은 야산

부르는 곳이면 어디건 가고
해야 할 일이면 무엇이든 하며
맨 흙에 얼굴 부비며 사는

손해 보고도 웃고
이용 당하고도 웃고
누가 뭐라 해도 웃으며
밤마다 기도하는 눈물

세상의 다른 언어로 소통하며
보이는 것보다 보이지 않는
들리는 것보다 들리지 않는
숨결 고요한 도 있다고

험하고 비탈진 곳에도
깨금발 딛고 달려와
흐드러지는 풀

그냥

그대를
단 하루만 사랑해도 된다면
그저 말없음으로
바라만 보겠습니다
눈물이 나면 흐르게 하여
투명해진 말을 대신하고
나무라셔도
그냥 바보가 되는
이승 끝의 슬픔이겠습니다

어쩌다
그대를 그리라 하면
난, 난, 나는
하얀 종이만 내놓겠습니다
손끝의 떨림으로
마음의 벅참으로
그대 흩어질까 두려워
차라리 그냥
백지로 남기겠습니다

자화상

천 날 동안 새벽 바람을 가르며 하지 말아야 했던 말과 가지 말아야 했던 길과 만나지 말아야 했던 인연을 생각했습니다

삶에는 반드시 이유가 있다고, 슬픔도, 아픔도, 외로움도, 생각의 끝에 매달린 나의 작품이라니
커다란 전시관에 진열해 놓고 작품 해석을 하듯 분석하고 해체하고 재조립하여 하나로 설명할 수 있다면 힘들지 않아도 좋을 것 같습니다

살아온 동안의 망설임과 망상과 혼몽과 그냥 흐른 시간 뒤에 버려진 흔적들이 눈물에 투영되던 날 아집의 벽에 구멍이 뚫려 바람 오가고 난 아무 것도 아닌 나를 붙잡고 몸살하며 신열에 끓고 있었습니다

이유 없는 이유, 이유 있는 삶, 세상은 내게 초연했고 나는 세상에 매달려 외줄타기 놀이에 홍청이고 있었습니다 이런 나이지만 아직도 세상을 모르므로 여기에 갇혀 밖을 향한 꿈을 꿉니다 전시장 안에서

같이 놀자

가벼운 넉살로 지리한 날들을 채우고
생명의 언어를 바다에 풀어
푸른 생선 튀어 오르는 시간에 갇혀
깊게 스며드는 무형의 입질에
비릿한 살내음까지 내어주고
퇴행의 언어로 소꿉놀이를 한다

- 꼭꼭 숨어라~ 장독대에 숨었다 -
- 잠자리 꽁꽁 멀리멀리 가면~
  앉을 자리 앉아라 -

그녀는 나의 어린 신부
나는 그의 늙은 아내

맞지 않는 어울림이 자연스러워지고
비밀한 울음으로 의식을 저미며
별을 모아 어둠을 밝히는 사랑

무겁게 흔들리는 세월의 추에 꿈을 걸고

남겨진 길 위에서 잡는
버릴 것도 지닐 것도 없는 삶에
지워지는 기억만으로 이어지는
이국의 동화처럼
그냥, 같이 놀자

정물

못을 박고서야
너만은 내게 남으리라
눈 맞추며 고리를 건다

꽃의 시간
옹이진 상처에서
베어나는 붉은 눈물

고리를 풀고
못을 빼어내도
지워지지 않을 흔적

너를 보내야지 하며
쓸쓸히 바라보는
벽 안의 그림

이순옥

20th 시상문학
신작시

· 호서문학 회원

· 푼수 동인

· 〈문학시대〉 우수작품상

· 도서출판 문화의 힘 대표

· 대전 동구 삼성1동 한발오피스텔 406호

· 010-4610-6537

· happyiso@dreamwiz.com

■ 시작노트

나는 어쩌자고 시를 쓴다고 시작해서 여기까지 왔을까?

제대로 쓰지도 못하면서.

....

생각해보니, 제대로 쓰지 못한다는 것은 참 가볍다.

아무때나 그만 써도 그만이니까.

나에게 시는 '그냥'이다.

아무 이유 없이 그냥...

사랑할 시간

흰 실과 검은 실이 구분되지 않는 시간*

어두운 밝음인지, 밝은 어두움인지
그 시간에는 아무도 죄를 묻지 않는다
그대 내게도 아무런 죄 묻지 말기를

그 때라면 나 비로소
당신을 사랑할 수 있겠네

* 무슬림은 라마단 기간 중 밤에만 물과 음식을 먹을 수 있다.

우리 시대의 모나리자

두툼한 허릿살, 축 처진 엉덩이
뒤태는 분명 매혹적인 모나리자

거울에 비친 제 모습을 보며
헤어드라이어로 바쁘게 머리칼을 말리는
그 얼굴에는
늘어진 젖가슴과 어울리는 빛나는 훈장
세월의 진실을 담을 주름이 없다

눈빛은 반짝반짝, 손길은 잽싸다
첨단 의술로 잡아당긴 얼굴엔
젊은 애인과 키를 맞출
반질거리는 욕망이 너울너울 춤춘다

젖가슴과 엉덩이는 모피로 감싸면 그뿐
우아한 미소를 지워버린
우리 시대 첨단 모나리자여

정채선

20th 시상문학
신작시

· 320-804 충남 논산시 중앙로 325

· 현재 논산여자고등학교

■ 시작노트

시를 쓴다는 것은 부끄러운 맨 얼굴을 보이는 것입니다.
부끄럽고 부끄럽고 또 부끄럽습니다.
왜 시작(詩作)을 시작(始作)했나 후회도 했습니다.

국어 교사로 30년을 지내면서 가장 어려운 것이 시를 가르치는 일이었습니다. 시인의 마음과 공감도 못하면서 시의 외면만을 이야기하는 일은 정말 어려운 일이었습니다. 더구나 문제를 풀어야 한다는 것은 더욱 곤란한 일이었습니다. 감정을 문제화한다는 것이 가당한 일인지 늘 궁금했습니다. 정말 그 시인이 그런 감정으로 시를 썼을까 싶었습니다.

그런데 제가 시를 썼습니다.
감정을 가라앉히려고 그랬습니다.
10년 전, 제 인생 40고개에서 만난 시련이 시를 쓰게 했습니다.
그리고 저를 견디게 했습니다.

이제 감정이 고이면 쓰겠습니다.
맑게 가라앉으면 쓰겠습니다.
박박 긁어서 흙탕물 나오지 않게 하겠습니다.
맨 얼굴 보여도 부끄럽지 않게 깨끗이 씻겠습니다.
고맙습니다.

낭만에 대하여
- 최백호

삼십대에 오십 먹은 목소리를 내더니
육십 넘어도
삼십대 목청으로 노래하네, 저 이는.......

고독 따라
친구 찾아
사랑 노래 부르더니
어느 날
"옛날식 다방에 앉아
나름대로 멋을 부린 마담에게
실없는 농담을 하며"
잃어버린 세월을 노래하네

누군가 잃어버린 청춘이 있으면
어느 사람은 그걸 주웠을까?
잃은 청춘인가?
잊은 세월인가?
버린 낭만일까?

아니, 그래도
이 가을
새삼 이 나이에
잃어버린 낭만이라도 말하고 싶은데
누가
흉보겠지 싶다
그자?

30년 만의 동창회

대학 졸업한 지 30년 되면,
인생 오십 줄을 넘기면,
사는 것이 조금은 넉넉해지는 걸까?

대학 총동창회 한다는 말에 안 나가려다……
그래 나만 늙었겠냐?
게다가 후배들 위해 발전기금 내는 일이라는데…
용기 내어 30년 만에 동창회엘 갔다

목에 걸고 있는 이름표를 곁눈질해 보아도
빨리 못 알아보겠다.
30년 세월이 빚어놓은 각각의 색들이
정말 틀리게 달랐다, 어쩌랴

지위와 건강과 풍채와 인상이
그들이, 그리고 내가 살아낸 시간을 말해 준다.

그리고,
우리보다 더 많은 세월을 견뎌내신 은사님을 모시고
밥 먹고, 농담하고, 화해하고, 후회하고,

그렇게 끝없이
대학 시절 백사장 이야기에
아이들 키우는 이야기까지,
심지어는 대학 4년을 같이 다니며 들었던 말보다
더 많은 말을 하는 친구 가족사까지…
30년 세월의 화려한 꽃이 피고 진다

그런데 자세히 들여다 보니
그 친구들, 제각각 그대로이다
재치있게 농담하던 친구도 그대로
새침하게, 죽어도 제 힘듦 말하지 않던 친구도 그대로
이상과 현실의 괴리로 머리 흔들던 친구도 그대로…

늦은 귀가길, 운전대 잡고 생각한다.
나도 '그대로'겠지?

이대로, 나대로, 그대로
살다가
어느 삶의 모퉁이에서
우린 또 흐른 세월 자락을 이야기하겠지.

낙엽에게

떨어지는 건
네 마음이니?

내 마음대로 되는 건
아무것도 없어요.

그럼
신의 뜻이니?

신께서는 아무 뜻도
알려주지 않으세요.

그렇다면
자연의 섭리로구나!

자연은 그대로가 자연인데
무슨 말씀을 주시겠어요?

근데 너는 왜 지는 거니?

피었으니까요.
봄에 불려 왔으니
여름에 열심히 살고
가을에 가는 거예요.
누가 등 밀지 않아도, 알아서 가는 거예요.
겨우내 견디고 또 올게요.

그래…….
매달리지 않으니
참, 가볍구나!

상선약수(上善若水)

모서리 깎고
눈에 힘 빼고
날선 말도 줄이고
각진 손짓도 그만두고

이만하면 되었겠지

불혹(不惑)을 한참 지나
귀가 순해지는 나이가 가까워가니
그쯤은 쉬운 일이겠지

그런데
모퉁이 돌아설 때마다
나는 후회한다

한 번 앉았다 일어설 때마다
숱한 시행착오로 되짚어야만 한다

언제쯤이면
삶이 만만해질까?

어느 날
사는 일에 문리(文理)가 트려나?

섬 집 아기

산골 초등학교 선생님이 된
우리 딸이
음악 수업하다가 눈물 흘린 노래.

굴 따러 간 엄마 기다리다가
파도소리에 잠이 든 '섬 집 아기'

종일 기다리다가
잠깐 차지한 엄마 등에 귀대고
숱하게 들었던 섬 집 아기, 그 노래

잠들면 엄마가 떼놓고 출근할까봐
졸린 눈 비비며
또 하라고 조르던 그 노래
버티다 잠들면 엄만 또 직장으로 가버렸고…
내 딸을 슬프게 재운
섬 집 아기, 그 자장가

잠 안 오는 밤이면

내 가슴 가만가만 두드리며
나에게 불러주는 그 노래

섬 집 아기는
이제
홀로 남은 엄마를 재운다.

청첩

착한 아들
이쁜 딸로 살던
아이 둘이 만나서

남편 노릇
아내 도리 잘 하겠다고…

고운 며느리
품 넓은 사위가 되겠노라고…

어른답게 살겠다는 약속을 하는 날이라고…

평소 사랑해 주셨던 분들 앞에서
그 약속
아름답게 지키겠노라고 맹세하겠사오니

거리가 멀고
바쁘셔도
부디 오셔서 축하해 달라고,

축복해 주십사 하고,
굵은 펜으로 꾸욱 꾹 눌러 쓴 청첩장

그 동안 무심코 받았던 그 청첩장 안에
고마움과 미안함이 가득 들어 있었음을
철없이 살았던 저는
이제 이 자리에 앉아 보니 알겠습니다.
고맙습니다,
참 고맙습니다.

싶다, 싶었다, 한다, 했다

가장 슬픈 말
"싶었다"

말하고 싶었다
사랑하고 싶었다
여행 가고 싶었다
좋은 것 주고 싶었다

가장 행복한 말
"한다"

널 사랑한다
너와 같이 여행 간다
아름다운 영화를 너랑 함께 보고 있다
세상에서 가장 맛있는 밥을 너와 먹는다

하고 싶은 건
지금 하는 거다
하고 싶었는데 못 하면
이다음에 많이 슬퍼진다

싶은 걸 참지 말고
미루지 않고 하는 것은
여생을 위한 저축이다

훗날
사랑했다
고마웠다
행복했다
꺼내볼 수 있도록

즉문즉설(卽問卽說)

- 법륜스님

여쭙겠습니다, 스님
답을 주십시오.

사람의 인연이란 무엇입니까?
제 우울증과 불면증을 어찌합니까?
시어머니가 자꾸 재혼하려 하는데 어쩌면 좋을까요?
헤어진 애인이 다른 사람을 만나고 있는 걸 보면 괴롭습니다.
성적이 자꾸 떨어지는 아들이 공부는 안 하고 게임만 합니다,
스님

듣다 보니 인간의 번뇌가 108개는 아니군요.

구비구비 사연도 많아라
아픔도 숱하구나
무게도 다르네

이 세월을 살아내는 동안
한 번도 해보지 않은 고민을
저이들은 짊어지고 있었는데

내가 지쳐 쓰러질만한 짐을
저 분은 어찌 저리 가벼이 말할까?

인자하신 미소로
가볍게 처방하시는 스님 말씀에
박수와 웃음으로 끄덕이는 중생들

스님, 고맙습니다.
물음도, 답도
제 안에 있었네요.

이찬슬

20th 시상문학
신작시

· A+에셋 보험설계사

· 공주대학교 유아교육과 졸업

· 우송공업대학 사회복지학과 졸업

· 호원대학교 사회복지학과 졸업

· 사회복지사 2급

■ 시작노트

언니가 어느날 데리고 간 백일장에서 느닷없이 상을 받고
그리고 잊고 있었습니다.
그런 제게 언니는 시를 써봐 라고 했고
시상 지면에 내밀었습니다.

실은 두렵고.. 미안합니다.
시상에 부끄러운 점 하나 될까봐서요.
그러나 용기를 준 언니땜에
다시 시를 품어봅니다.

낯설고 설렌 시 한 줄이
가끔은 제게 위안이 되니까요.
시를 쓸 수 있는 조건이 아닌 곳에서 지내다보니
시어조차 고르지 못하는 저를
이쁘게 봐주시는 많은 선배님들
그리고 우리 언니

고맙습니다.

그리고 한가지 바람이라면
우리 언니 몸이 아프지 않았으면 좋겠습니다.
많은 상처를 안고 있는 언니가 건강했으면 좋겠습니다.
그 상처에 아픔까지.. 제 영혼이 아픕니다.

금희

내 도시락은 늘 비어있었다

여고시절 점심시간
슬며시 나가 수도꼭지 틀어 물 마시고
입 쓱 닦고 들어오면

도시락 하나
책상서랍에서 나를 기다렸다

그 도시락 힘이 나를 기르고
그 힘이 나를 살게 했다.

친구야
이제 내가 네게 힘을 줄 차례다

사랑의 도시락을 내가 싸 줄게
너는 그냥 곁에서 그렇게 웃기만 하면 돼

지금까지도 내 곁에서 잔잔히 웃고 있는 너
너는 이름처럼 내 친구 금희다.

김치냉장고

언니는 아프고 나면 살림이 불어났다

몇년 전 몸 속에서 용종 떼어내더니
벽걸이 TV를 사서 척 걸었다

"내 몸처럼… 잊지 않을거야"

이번에는 몸에서 암덩이를 떼어냈다.
그리고 식이요법에 방사선에
얼굴 창백해지더니
세우는 김치냉장고 척 세워놨다.

나는 안다
언니가 왜 몸과 살림을 바꾸는지

슬프지 않으려고
슬프지 않으려고

그런다는 걸
나는 안다

하늘을 바라보며

너무 힘이 들 때 하늘 바라보며 엄마를 부릅니다.

엄마 엄마는 어떻게 그렇게 힘든 길을 살았어요?

빈 쌀독 긁느라
꺼진 연탄 살리느라
자식들 배고픔 채우느라

얼마나 허둥댔어요?
그러며 다시 일어섭니다

꿀 묻은 바가지 깨 눌어붙듯
우리 딸 잘될 거라고 하신 그 말씀 잡고
다시 거리로 나갑니다

그 깨알 하나라도 놓치지 않으려고.

시상문학동인지 작품목록

제19집 | **시상문학** | 2011년

윤월로 : 동기/노을/세례/떠남/슬픔/벚꽃 길/독백/밤은/순리/가을 햇볕/낯선 별리

이순옥 : 천수관음보살/첫사랑에 관한 한 보고서/이별, 그 후/황사/나의 이중생활/작은 바람

강옥희 : 나의 하루/사랑, 그 끝에는/가을의 노래/안부/너는 아니/가장 무도회/시험

이찬슬 : 불혹/세월이 엮은 비망록/사랑은

전현숙 : 가을이야기/허수아비 활을 쏘다/북/오후 3시/한파다비/생명 필살기/참회/모기사냥/땀띠/장독대

박미용 : 가로등 아래서 · 1/가로등 아래서 · 2

이현옥 : 꽃잎 위에 쓰다/흔들리는 것은 바람뿐이 아니라/아름다운 마음/평화/무릉리에서/동백/보릿고개/화양연화/폭우/해바라기

송영숙 : 1982년 꽃들은/빈 방 사수하기/그녀를 부탁해/살인의 추억/짱짱나무/스님의 몸에서 김이 난다/연민/경계/오른손

정채선 : 사랑 알츠하이머/사랑 어풀루엔자

이현라 : 나의 친구에게/사랑이 문제다/그래도 살만하다/since 2005/레드카펫

안수림 : 아프니까 청춘이다

제18집 | **물 권하는 여자** | 2010년

윤월로 : 시선/물 권하는 여자/별리/가시덤불 임금/동행

이순옥 : 명함/메노포즈/속았다/청구짬뽕/몸 누이기/본데없다는 말/기상특보/좋은 일/직녀의 꿈/이별

이찬슬 : 만년필/소영원에서

이현옥 : 왼손/라이트를 꺼주었다/울바위/내 앞길에 꽃이 앞장선다/낯선 도시에서 기다린다는 것은/그리움/이유 없다, 저 별아/동백/하지/무릉리에서

전현숙 : 폭염이 지난 뒤/4월/불면/열려 있는 하늘/고향/늙은 농부/살아 천 년 죽어 천년/마음에 바람이/어떤 그리움/꽃비 오는 날/그림 속 사진

황희순 : 꽃밭에서/통점/안녕! 무창포/불량식품/스킨답서스/몽유/손버릇/우화/공주 이야기/쥐섬에는 귀가 없어요

강옥희 : 해바라기/해질녘/폭탄주/크리스마스 이브/빈집/덧생, 그리고 독백/9월

박미용 : 유리창

송영숙 : 나무십자가/바람의 말/오래된 관계/남자들에게 고함/단풍/오십/버섯

제17집 | 푸른 빛깔로 물들고 싶다 | 2009년

송영숙 : 귀환/바다/길/달과 색소폰 연주자/화수분, 여자/휴휴암/죄짓고 돌아오는 길/코리도라스아메네우스/봄편지

윤월로 : 숨바꼭질/자유보다/사랑은 · 1/사랑은 · 2/썰물

이순옥 : 오래된 골목/아버지

이찬슬 : 정화 고모/아들

이현옥 : 밥 한 끼/9월 메밀꽃/변기 물을 내리며/눈 감아도 알아, 너라는 것/코스모스/무궁화/사랑은/하지/깨끗한 어둠/영화처럼

지나가면 그뿐

전현숙 : 조신의 꿈/쯔쯔가무시 병/호미가 놓였던 자리/고맙습니다/가을이 쓰는 詩/서리꽃/이 겨울이 나를 지나간다/바이올렛꽃이 핀다/대못이 박힌 자리/비 오는 밤

황희순 : 연리지가 있었다/입춘 무렵/'개'불 맛/수상한 수행/도피안/화려한 재회/건망증/잃어버린 열쇠/幻, 질긴/고통이 재미라니

강옥희 : 흑조/고백/한 해를 보내며/겨울 소나타/이별 · 2/그런 이름이 싫은 까닭에/그날

박미용 : 모조리 그리움/등구나무 아래서/사랑은 또 시들게 한다/눈부신 햇살/잠은 아니 오고/참 아쉬운 세상/그 후

제16집 | **네 자 아홉치** | 2008년

박미용 : 나르시스/어느 별에서 왔기에/미이라의 비밀/15 신경쇠약/가볍게/떠나며 간직하며/없는 거야/마음은/어느 훗날에

송영숙 : 경계/능소화/별리/그 물 맛

윤월로 : 사루비아/어머니/모과/구월九月의 바람/상사화相思花/머리 감기/늘 하는 일/자주색 나팔꽃/봄사과/겨울꽃/꽃다발/바이러스

이순옥 : 네 자 아홉 치/뒤끝/도망/51 서쪽 하늘 붉은 그리움

이찬슬 : 아버지 통장/세상에 공짜는 없다

전현숙 : 코페르니쿠스의 편지/거기에 그들이 있었다/봄/황사/폭염경보 중/새벽에 자벌레는/배설/찔레꽃/봄 꽃 바람에 날리다/밥풀데기꽃/가을 그리움

황희순 : 출입금지구역/고백하자면/부위별로 팔아요/꿈꾸는 쇠똥구리/나는 이제 품절이다/숭어 이야기 · 1/숭어 이야기 · 2/못을

박다/無心을 어떻게 말로 할 수 있겠어요/통점 · 1/지금은 정화 중/부음을 듣다

이현옥 : 알타리무를 다듬는 여자/시월/그래도 사랑은 상처를 어루만진다/가을역/ 바람이 모여 사는 나무/족두리꽃/리모컨은 사랑도 불러올까/낙엽비/가을을 외치다/엄마 옷/슬픈, 그러나 아름다운/빨래를 하며/녹차를 마시며/부추꽃/신발/빈집은 전화를 받지 않는다/수면 내시경

제15집 | **가을특별시** | 2007년

이현옥 : 호수는 넘치지 않는다/꿈/나도 잘 늙고 싶다/감자에 싹이 나서/꽃은 제 자리를 가리지 않는다/미나리/빈 의자/엄마, 하고 부르면 생각나는 것/쉰질나무/축제/너를 훔치다/새벽기차를 타자/밥을 푸며/가을특별시

윤월로 : 동백/기다리는 하늘/숨은그림 찾기/세익스피어의 할미꽃/메꽃/버들벚꽃/찔레꽃/나의 한련 이야기/꽃은11/꽃은12

전현숙 : 사발, 낯선 설렘을 보다/달이 흐르는 새벽/화/늙은 어미의 콩타작/사랑의 거짓말/꽃의 조건/차 향기나는 날/인터넷 사이버/어느 날의 계산법/하루살이, 내가 나에게/엄마/박새는 알을 품었다/마음 따라 나도 변해/무제

이찬슬 : 바람 속에서/언니에게

송영숙 : 기타리스트/벙어리매미/하루나 꽃피기 전에/돌핀/네가 나에게로 왔다/내 머리가 없어졌다

박미용 : 또 하나의 사랑/아름다운 날들/우체통 앞에서/함께 사는 두나무 이야기/낙화유감

황희순 : 구멍 난 가을/한여름, 저승을 엿보다/가면극/몸속 풀씨는 누

가 뿌리나

이순옥 : 빼꾸기/안마사/그리움이 그립다

제14집 | 젖은 별로 뜨다 | 2006년

박미용 : 평화시대/반달/커피를 마시다가/낙엽을 밟으며/나뭇잎은 떨어지고/겨울나무/마음대로/가을강은/술래의 노래/잘 잤니/아름다운 날들

황희순 : 청개구리經

이현옥 : 봉숭아 꽃물을 들이며/겨울, 널 보내며/낙지 넣은 수제비가 있는 풍경/고양이/사과에게/도라지꽃/채송화/수술실에서/요실금/입추/아버지의 팔순/바람에게 길을 묻다/터

송영숙 : 푸르나 찬드라/소리바다/여왕벌/별똥별/목걸이/만개/헐리웃 액션/첫사랑/너에게 나도 가죽소파다

윤월로 : 출가 · 1/상경/축복/출가 · 2/출가 · 3/소포/빈자의 노래 · 1/빈자의 노래 · 2/빈자의 노래 · 3/그림/게발 선인장/골담초꽃

전현숙 : 가을나무로 서 보니/악몽/산에서 산다는 것은/연꽃 피던 날/붉은 고추를 딴다/갈대와 민들레/봄/우리 동네 노인들/나이를 먹는다는 것/호박/

이순옥 : 화분이 있던 자리/어디 가세요/독재자

제13집 | 바다를 머리에 이고 | 2005년

송영숙 : 정전/카오스/멸치/풍문/몰래카메라/착한 동네에도 겨울은 온다/자동세차장 안에서

윤월로 : 또 하나의 꽃/진정한 꽃/꽃은 · 1/꽃은 · 2/꽃은 · 3/꽃은 · 4/꽃은 · 5/꽃은 · 6/꽃은 · 7/꽃은 · 8/꽃은 · 9/꽃은 · 10

전현숙 : 모과/쓸쓸함이 나를 힘들게 한다/이끼는 이끼를 낳고/허튼소리로 나를 달랜다/꽃비 오는 정원/일상-나른한 흐름/무제/액자 속 밥상/지병이 된 그리움/농부 O氏/완전연소를 위하여

황희순 : 뱀딸기 전설/버려진 신발을 보면 뒤집어보고 싶다/말言 메고 가기/봄은 왔는데/열려 있는 문은 불안하다/디스크 재발하다/오래된 시간/쓰레기통/후렴, 신세 조진 그 여자/주머니 없는 바지

박미용 : 내 등에게/사라진 별/잊혀진 하나의 의미를 찾기 위해/그렇게/소리 나는 사랑/내 호수와 그 여자의 눈/완전한 사람/가을 편지/사랑한다는 건/바위꽃/밤꽃/억새/담배꽃/넝쿨장미/흰 머리카락과 눈싸움을 하다/소주를 마시며/이팝꽃이 핀 거리에서/자귀꽃/풋감/입덧/부고/곶감

이순옥 : 뜨거운 돌 위에 눕다/다 그런 거라고/낡아가는 사진처럼

제12집 | 남은 시간의 사랑법 | 2004년

박미용 : 어쨌거나/이 여자/친구를 말하자면/그대의 초상화/그리고 너는/남은 가을 사랑하기/완전한 사랑/사실 나는/남은 시간의 사랑법

전현숙 : 사람 사는 동네 · 1/사람 사는 동네 · 2/사람 사는 동네 · 3/사람 사는 동네 · 4/사람 사는 동네 · 5/영미 선생 · 1/영미 선생 · 2/영미 선생 · 3/뜰 앞의 잣나무/관음요 막사발

윤월로 : 입원/서러운 여유/도치倒置/어떤 날/동병상린/가슴으로/용서법/변주곡/오해/밤과 밤/순애보 혹은/버리기/거듭나기/쓰라린 날/도움닫기/이제야

이현옥 : 불꽃 하늘로 올라가다/좁/내 안에 그대가 있네/덫/종이배/내

심장 한가운데/첫눈 내리는 날/상사화/사랑한다면 가을처럼/아버지의 연인 상사화/고백할게요/기다림/침묵/언제 내 앞에

송영숙 : 은행/유혹/모른다/두 번째/이제는/런닝머신/참새/바이올린/마술/25시

이순옥 : 시인에 대하여/에피소드/언젠가는/이 동네 사람들은/새 휴대전화

제11집 | 그렇게 순한 이치理致대로 | 2003년

윤월로 : 비, 비, 비/추석 성묘/충청도 태풍/이민/특별한 평범한 일/옛말/감동 없는 시/적자생존/짖지 않는 개/어지럼증/직립 인간/충청도 노인과 바다/부끄러움/쉽지 않은 일

황희순 : 권태倦怠/개구멍/산 자가 죽은 자에게/퍼즐게임/나는 길을 찾고 있는 중이다/아카시아꽃이 져요, 아버지/아무도 모르는 섬이 있었네/신세 조진 그 여자

이현옥 : 단풍/내가 없는 동안에/내 손을 잡아요/미안해요/삼우제/묵은 앨범 속에 남아있는 기억들/가을편지/기억을 주으며/아침해처럼 밝게 웃으라고/클로징에 점을 찍으며/콩 타작을 하며

송영숙 : 알바트로스/보물찾기/달팽이/문득/모기/찬이슬꽃/발치/임산부가 지나간다

박미용 : 가을에 쓰는 시/루시아/밥통 사랑/복희/이렇게 살아요/파스 붙이세요/핑크리본

우종숙 : 저 소리 가슴속을 날아다닌다/주름 하나 없는 길/구멍에 대하여/프로크루테우스의 쇠침대/이천 년 전 미라처럼 물음표 되다

이찬슬 : 깊은 가을 속에서 만난 강

이순옥 : 자동문/우리가 참을 수 없는 것은/초야初夜/사랑시 한 편/오늘도 나는 시를 쓴다고 쓰기는 쓰는데

전현숙 : 2003년 가을 초입에/너와 나는/삶은 진행형이다/제주도/구절초/가을/그녀의 죽음은 타살이다/일출/9월의 마지막 날(음력)/산울림/특별한 부탁

제10집 | 감당키 어려운 선물 | 2002년

윤월로 : 위대한 고백/성탄의 산고/특별한 여인들/이집트로 가는 길/어머니가 되었네/어머니의 기쁨/어머니의 예감/어머니의 숙제/어머니의 괴로움/행복한 사람/어린이 예찬/아들의 유언

황희순 : 새가 날아간 자리/내림/봄 밤/덫/봄밤, 꿈/그 집 앞 지날 때면/따뜻한 슬픔

이현옥 : 운주사/꽃지에서/녹도 총각 선생님/뱀사골을 지나며/술/지리산/내 침대가 삐걱이고 있다/꽃 바다에서/회상/바다가 갈라졌다/황사

박미용 : 길/친구/개똥철학/필로소피(Philosophy)/이명耳鳴/안약을 넣으며/비밀의 비밀/달리기 예찬/누군가를 사랑하고 있을 때/당신은 감수성이 너무 예민해요/가을 예찬/보스처럼 살고 싶다/가지를 무치며

전현숙 : 봉정암을 찾아서/순환/햇빛 따뜻한 날/세월은 그렇게 바뀌었다/기도가 되지 않는다/길을 향하여/벌레가 사는 집에 사람이 산다/머물렀던 시간의 빈 자리/그대 옆에서/황매화 가지를 받다/양귀비꽃을 본다

우종숙 : 네 궁에 들고 싶다/누운 애기별꽃/몸 속에 말이 있다/나의 말

을 잘랐다/포정의 칼/월리사에 들다

송영숙 : 원죄/북두칠성/인연/오른손

이순옥 : 이명/봄날은 간다

이찬슬 : 어느 날/퇴근을 준비하며

제9집 | 소나무 만나면 솔바람 되고 | 2001년

황희순 : 만다라/화이트 그리스마스/발효를 위하여/회귀를 위한 변명/이제, 넘어지고 싶네/지금은 부재중/가슴에 난 길/귀울음/봄, 그 언덕 너머/개가 늑대처럼 울어/말 배우기

윤월로 : 간단한 행복법/자유인/생명/순환循環/아주 처음/청빈淸貧/낙엽/이것은/정수원淨愁園/꿈꾸는 꽃 골담초/어린 느티나무의 꿈/오해/기도

이현옥 : 동행/천국의 아이들/꽃비/쑥 뿌리를 캐내며/채석강에서/봄을 건너가며/어떤 날/세월/역逆/e-mail/비/기억

박미용 : 산벚나무/새야 새야/선녀가 내려온 게지/비가/사랑하오/하루하루/청룡열차

이숙자 : 사랑이야기/촛불/운주사 와불臥佛에서/더덕일기/수선화/밤에만 피는 노랑 분꽃

전현숙 : 슬픈 날은 무덤에서/만남이 지속돼야 하는 이유/부부싸움을 하고 난 후/쑥부쟁이 애가/나뭇갖 끝에서 길을 찾는다/숲에는 그리운 이가 산다/나가사끼 공원에서 하루를/멈춤 뒤에 출발/단 한 사람/그리움/연꽃 보고 울었습니다

이순옥 : 내 가슴속 붉게 익어가는 열매 하나/자작나무 침대/납골 항아리가 나를/닭 한 마리

이찬슬 : 강

송영숙 : 사십/나를 찾아서/남자의 입술/대평리 닭갈비/몰랐다/방류/선유도의 새벽/매너리즘

이운진 : 詩가 되지 않는 밤에 추억하다/꽃이 지는 동안/그때 나는 스무 살이었다/꽃나무 아래가 무덤 속 같다/버스를 기다리며/어느 날 거북이의 유언을 듣다/갑사 가는 길/2月의 눈은 따뜻하다/드라이 플라워/개꿈 꾸고 난 아침/그 여자의 사랑법/유치원 근처에서 만나는 가을/대전살이

제8집 | **향기나무** | 2000년

윤월로 : 향기나무/수반 위의 봄/새 순/가을 산 가는 길/그림자에 대한 그리움/산이 되어/친구네 가는 길/수선화/친구 · 1/친구 · 2/친구 · 3/이별수업/봄 바다

박미용 : 꽃을 받고/소요유逍遙遊/하느님 전상서/선생님 우리 선생님

이현옥 : 독백/봄이 시작할 때/즈믄해 어느 수요일 아침/약속/들꽃/불면/계족산 불/어느 봄날/거제도/고행/풍경/해미읍성/그 해 겨울/소중한 사람/목련꽃을 보며

송영숙 : 버커리 · 1/11월/아버지의 딸꾹질 · 1/아버지의 딸꾹질 · 2/밤

이숙자 : 백목련/송홧가루/꽃의 기도/키 작은 단풍나무/진눈깨비야

전현숙 : 가끔 한번은/별을 품은 땡감은/그리움, 그 후에 · 1/그리움, 그 후에 · 2/그리움, 그 후에 · 3/그리움, 그 후에 · 4/내 안의 그대/그냥/누가 꽃의 무덤을 보았는가/길은 끝나지 않았다/너에게/혼돈/서운한 동행

이순옥 : 2월 산행/어머니의 기도

황희순 : 고추가 먹고 싶다/사철나뭇잎 무늬/"나 찾아봐라"/칼 좀 줘볼래요?/달/덫/동물의 왕국

제7집 | 화석 속에서 빛이 | 1999년

윤월로 : 나무 오른편에서/간격/밤에/우리/임 · 12/임 · 13/코스모스/강 · 12/능소화/가을 냄새/고백/생각나셔요, 아버지 · 4/시모님 · 7/등꽃 사랑/딸에게/가을 타는 사람들/계룡산 초하/그러므로 산은/가족/살아가는 법/순종/노랑 장미/일몰 · 1

전현숙 : 홀로 아리랑/가을에 속하여/돌멩이/바다에 길을 내고/깨달음/화장을 지운다/짐승/얼음꽃/귀가길/비가 온다/비오는 날의 풍경/도심에 핀 산수유/비오는 봄날에/수선화

이현옥:반딧불이/첫사랑/낙엽지는 날/있어야 할 자리를 잃고/병 문안을 다녀와서/안부/가을 초입/그 저녁의 회상/목련/그녀를 만나고 온 후/아직은 시들지 않은 시간

박미용 : 내 먼저 할 일/천국을 향하여/소멸/참는 거지/헤어지자

이순옥 : 나무에 기대어/유효기간/영웅본색/그동안 너는/이질풀 꽃

송영숙 : 내 속의 나/손/亂世/되돌아보기 · 1/되돌아보기 · 2/어머니/분꽃

제6집 | 서투른 언어로 | 1998년

윤월로 : 사라방드/별리別離/밤에 · 3/연가戀歌/연가戀歌 · 2/모진 바람 불면/너무 어렵다/줄을 끊어 버리고/보이는 것, 보이지 않는 것/우리는 떠났다

안현심 : 생가生家/바가지샘/운장산 자락/작지만 큰 그늘/호박잎국/나와의 동행/그 느낌

이현옥 : 입동/비 내리는 날/권금성에서/설악에서/낙산사/9월에는/한계령/어느 날/사랑니를 뺀 후/술래

전현숙 : 나무에게 물었다/대답 없는 질문/저 쪽에 무슨 일이/꿈의 반딧불 축제/이브의 사랑/새벽에/풍경 · 1/풍경 · 2/생명 · 1/생

명 · 2/생명 · 3

송영숙 : 유성 온천에서/겨울 도시는/회상 · 1/회상 · 2/기다림에 관한

박미용 : 이해를 구함/계절은 돌아오는데/여자/소포와 기도/안개소국과 가을비/피아노와 할머니/쓸쓸하고 차가운 비

이순옥 : 빛, 그림자/나무도 다 제 팔자대로/의미 없는 계산/사투리/쥐며느리/소매치기/만화 같은 세상

제5집 | **창호지문 들치는 별빛으로** | 1997년

윤월로 : 봄눈/3월의 바람/봄밤/봄 바다/봄 벚꽃/봄 새벽 새소리/감사절 아침에/적상산赤裳山 이야기/다시 밤에/가을 마중/눈 온 날/전람회 '엉뚱한 자연'

박미용 : 아이들은 졸고 있다/그래도 산 사람은 살고/뛰어서 가는 하늘나라/강이 있다

안현심 : 덕유산 가는 길/한 갈래 빛줄기/0시 30분/나체의 기도/꽃으로 피고 싶으냐/엄마의 얼굴/아름다운 목숨으로

전현숙 : 가을/해질 무렵의 산책/가을 편지/산에 핀 꽃/부디/수통골/권태/그래, 알았어 · 2/가슴에 그려진 지도/기별이 왔네

이현옥 : 가을비/여름 끝/서른 아홉/가을 애상/강/쓰레기통/어쩌나/11월/고들빼기 김치/달

이순옥 : 만년필/새치/단편短篇

송영숙 : 샘물 같은 사랑/장마/여천 공단/상가喪家

제4집 | **그 안에 나를 그리고 내 안에 그를 새기기** | 1996년

전현숙 : 행복은 소박하게/이슬비 온 날 밤/칡꽃/원산도에서/해인사 홍제암/구천계곡 산나리/백련사 원추리꽃/가을 소묘 · 1/날

개 · 윤달

이현옥 : 가뭄/봄꽃들/진달래/도시에서/고수동굴에서/그 곳에 가면/어제 그대로/나는 네게/살아가는 모습/산에 오르며

이순옥 : 비무장지대를 꿈꾸며/분홍 시/3동 908호

윤월로 : 더 아름답고 소중했다/기어코 빠져나간다/나무이고 싶다/꼭 필요한 것인데/모두 내 것인 것처럼/내종 넌지시 꽃필 줄 아는/지는 꽃은 아름답다/조금 더 가까운 남인 채로/되돌려드릴 수 없는/감미로운 시간 한 자락을/모든 것 다 내버려도/살아가는 법

안현심 : 술에 비친 모습/공산성 연가/도배를 하며/최초의 기억/파도/이방인/어머니 · 8/어머니 · 9/어머니 · 10/어머니 · 11

송영숙 : 밤바다/자정이 넘은 시간에는/퇴근길

박미용 : 차가운 이마 위에 손 얹으며/바람 끝 닿지 않는/서서만 살려고 했던 삶/아무 일도 없는 세상

제3집 | 다른 모습의 물줄기로 | 1995년

박미용 : 애인41/애인42/애인43/애인44/애인45/애인46/애인47/애인48/애인49/애인50/애인51/애인52/애인53/애인54/애인55

송영숙 : 우리는/1994년 꽃들은/뜻/내리막길을 오르며

안현심 : 다시 시작하기/절망 속의 자유/거목/정동 36번지/어머니 · 7/그대는 시의 덩어리/나의 사랑/남해 고속도로에서/나를 보았다

윤월로 : 말5/말6/말7/말8/말9/말10/산행 2/기쁨

이순옥 : 그림 속에 있는 나라/지하상가/가을산행/3동 908호 · 2/3동 908호 · 3

이현옥 : 서른일곱 여자의 노래/가을 끝/도라지꽃/여자와 증명사진/

아버지/불두화 피는 계절에/가을을 다시 보내며/자화상/행정리/강은 울리 않는다

전현숙 : 바다/안식/바람 속에서/풍향계/소문내기/의혹/달 밝은 밤에는/변명하고 싶은 날/어부의 꿈/반포를 지나며

제2집 | **그대 마주 선 거울처럼** | 1994년

박미용 : 애인 · 24/애인 · 25/애인 · 26/애인 · 27/애인 · 28/애인 · 29/애인 · 30/애인 · 31/애인 · 32/애인 · 33/애인 · 34/애인 · 35/애인 · 36/애인 · 37/애인 · 38/애인 · 39/애인 · 40/

송영숙 : 우울한 삽화/돌아앉기/4월 32일 메모/도둑고양이/신호대기 중

안현심 : 사람과 오리/어떤 사람들/오월/선아善娥 · 1/기쁨이 깊어지면/아기가 우는 것은/입원실의 아기

윤월로 : 일몰 · 1/일몰 · 2/일몰 · 3/일몰 · 4/선생님 · 1/선생님 · 2/선생님 · 3/선생님 · 4/가을 소식 · 1/가을 소식 · 2/봄눈春雪/初夏/家族/말(言) · 1/말(言) · 2/말(言) · 3/말(言) · 4

이순옥 : 환절기/봄밤/잔영殘影/개망초꽃/3동 908호

이현옥 : 어머니의 반찬/봄소식/자각증세/당신 · 10/양은주전자/꽃녀/꽃이 진 자리에 비는 내리고/보문산 묵집/춘곤기/시집살이/아버지

전현숙 : 버려진 땅 · 1/버려진 땅 · 2/버려진 땅 · 3/나비 잡는 아이들/동백정에서/길/무언별곡/풀에게/가을/과꽃/까마귀/그대는 바람에 스치고/해 지는 시간/비, 가을/난蘭

창간호 | 1993년

권순향 : 가을이 지는 저녁/못내 설운 날/나그네와 채송화/기도/고운

여자/갈등의 의미/영상/어느 계곡/달랑게의 축제/순간의 천국/큰어머님

박미용 : 너에게 · 1/너에게 · 2/너에게 · 3/너에게 · 4/너에게 · 5/너에게 · 6/너에게 · 7/너에게 · 8/너에게 · 9/愛人 · 1/愛人 · 2

송영숙 : 2000년대의 사랑법/오정리 연가/비워둔 메인테이블/신경성 위장념 그리고 형이상학/수몰지구/커피타임 · 22/슬픈 승리

안현심 : 별 하나/어머니/나를 태우며/일요일 오후/코스모스/발견

윤월로 : 싸리나무꽃/모란/그리움/늦은 여름날의 음악/만남 · 1/만남 · 2/그러므로 山은/가을 山行

이순옥 : 삼천동에는 안개가 내린다/증명사회/황천길/컴퓨터/신문읽기/사막이 아름다운 이유

전현숙 : 신문을 보며/전자오락/O에게/수덕사 명부전에서/경포대 백사장/밤바다/겨울 나무/분만/상여꽃/당신 앞에 서면/여자의 중년